DUE MOTORI PER LA VITA

I miei primi anni di lotta contro il cancro.

BARBARA BIASIA

EDIZIONI
tipografia pesando

AUTRICE
Barbara Biasia

CURATORE
Giacomo Sado

STAMPA
Tipografia Pesando Aosta
tipografiapesando.com

FINITO DI STAMPARE
27 Febbraio 2018

PROGETTO GRAFICO
E IMPAGINAZIONE
Stefano Comparetto

FOTO DI COPERTINA
Arvier, (Ao) 780 m. s.l.m.

QUARTA DI COPERTINA
Lac du Fond, Valgrisenche (Ao)
2.439 m. s.l.m.

© *PROPRIETÀ LETTERARIA RISERVATA*
È CONSENTITA LA RIPRODUZIONE DI TESTI
PURCHÉ CON RELATIVA CITAZIONE
E CON APPOSITA AUTORIZZAZIONE SCRITTA

Barbara e i suoi due motori

Memoria, ricordo, diario, autobiografia, sfogo, scatti fotografici, illuminanti flash, testimonianze e disegni di bambini, questo è il libro che state per sfogliare. Barbara parla a ruota libera della sua vita con il cancro e il racconto è sempre duro da leggere e insieme facile da capire. Anche quando racconta circostanze difficili per noi lettori da accettare. Da mandar giù. E questo pure per il modo con cui le racconta. Un modo diretto anche quando lei sembra perfino distaccata da quegli avvenimenti che invece sono solo suoi e appena passati. Anzi, sempre attuali, come lei con grande lucidità poi ci precisa. La malattia combattuta con caparbietà e che credevi sconfitta può ritornare. Torna con altro nome e da un'altra parte del corpo. Barbara descrive tutto. Magari con un sorriso che contagia. E ci aggiunge talvolta un sospiro. Solo per prendere altra forza.

Impressiona quel suo sorriso. Che non è solo coraggio, volontà e forza d'animo. Sembra che dica a ciascuno di noi: è (sempre) l'ora della vita. Infatti lei la vita se l'è ripresa una, due, infinite volte. E quando ha scoperto di aver bisogno di una forza supplementare l'ha trovata dentro di sè. Un secondo motore. Vi basterà proseguire con la lettura per capire tutto.

Giacomo Sado

PRIMA E DOPO. MAI PIÙ COME PRIMA.

Quante volte ho sentire dire che la vita è una sola. Quanto di più falso per me. C'è stata una vita prima del cancro e una dopo. Anzi più d'una, perché scopro di avere una nuova vita ogni volta che mi riprendo. Perché si può vivere con il cancro a bordo. L'importante è vivere bene. Avere ogni volta la forza per riemergere. Io ci provo e talvolta posso pure dire di sentirmi in forma. Fino a quando ci ricasco. Cado e spero sempre di rialzarmi. Questa che vivo è la mia vita dopo il cancro. Prima era un'altra cosa.

Con il tumore tutto cambia. I rapporti con la gente, con la famiglia, perché come dice la mia psicologa Giuliana Carrara, la malattia non colpisce solamente te, bensì tutta la famiglia.

Dott.ssa Giuliana Carrara
Psicologa Psicoterapeuta Psiconcologa
Usl VdA

Il mio incontro con Barbara

Incontro Barbara nel mese di dicembre 2015. È inviata dall'Ambulatorio di Terapia Antalgica alla valutazione psicologica in quanto ha molto dolore fisico: ha ricevuto diagnosi di Sindrome Fibromialgica. Al primo colloquio viene accompagnata dal marito che la *aspetta fuori dall'ambulatorio; sento che mi comunica che ha rispetto per lo spazio psicologico/emotivo che le posso dedicare. Durante il primo incontro mi racconta tutta la sua storia clinica con tutti i dettagli sugli eventi e trattamenti cui si è dovuta sottoporre.*

Il primo tumore al seno lo ha avuto nel 2009, è stata curata con chirurgia, chemioterapia e radioterapia a Ivrea; nel 2012 ha subito un nuovo intervento di isterectomia e annessiectomia a causa di reazioni al farmaco antitumorale che stava assumendo; nel 2014 intervento per aderenze all'addome; nel 2014 ha dovuto smettere di guidare, patente revocata, in quanto ha un campo visivo ridotto come conseguenza dei trattamenti chemioterapici. Abita in un paese a 30 km da Aosta e non è più autonoma nello spostamento. Il marito la accompagna sempre e ovunque, malgrado lavori.

Emilio è il nome del marito, hanno due figli adolescenti. È stata seguita in passato da una psicologa, è aiutata da psicofarmaci, si è sempre sottoposta a tutti i trattamenti a lei indicati. Ha contattato l'Associazione Viola ed è orgogliosa di essere parte attiva di questo gruppo. E ora una nuova diagnosi di malattia che porta dolore e stanchezza fisica proprio non ci voleva. Il suo braccio destro non si è mai ripreso dall'intervento, le hanno tolto tutti i linfonodi ed è sempre gonfio e dolorante, fatica ad usarlo, ma deve fare comunque tutto lei in casa. Il marito lavora, i figli sono studenti. Come tante donne è programmata per fare per tutta la famiglia prima di tutto.

Si descrive come depressa, fatica ad alzarsi dal letto, inizia a percepire meno coinvolgimento emotivo nelle sue relazioni familiari, non ha appetito. Decidiamo di proseguire con i colloqui con l'obiettivo di darle uno spazio tutelato dove poter raccontare la sua sofferenza e fatica. L'impressione che dà è di un contenitore nel quale non c'è proprio più lo spazio per un altro evento.

Ha già perso alcune amiche... la malattia se le è portate via. Barbara è una donna dolce, si capisce che è coraggiosa. Ha una lunga storia di Traumi familiari, due genitori anziani e non in salute ed una sorella che descrive come "disordinata" nella vita e negli affetti. Non li sente accanto. Porta in seduta dolore e sofferenza; è molto, molto stanca. Riceve troppe richieste dalla sua famiglia e lei vorrebbe poter gettare la spugna. Non ha più la forza di aiutare i suoi genitori e si sente una nullità. Prima faceva due lavori ora a malapena riesce a mettere insieme una cena. Si sente un peso per la sua famiglia. Si vergona, è triste, è delusa.

È anche arrabbiata con sè stessa per non essersi ancora mai presa cura di sè, malgrado tutto. Dice che il cancro l'ha rovinata, non si sente più nemmeno una donna. La fibromialgia le ha tolto la forza di combattere. Ha bisogno di condividere la sua paura di non farcela. Ha bisogno di sentirsi dire che è normale sentirsi così. Ha bisogno di qualcuno che la autorizzi a prendersi cura di sè. Vuole imparare anche a dire di no, qualche volta, senza sentirsi in colpa.

Il supporto psicologico la fa sentire meglio, nel corso dei mesi riesce a modificare la Barbara abituata solo a dare o ad ascoltare o a ubbidire alle esigenze altrui. Nella primavera e nell'estate 2016 riesce a trovare momenti di serenità, è meno depressa malgrado sia più difficile affrontare il dolore diffuso e la stanchezza della fibromialgia che non la nausea e il vomito provato durante la chemioterapia.

Ma nell'autunno 2016 lamenta dolore alla spalla, non passa con nulla. Chiede aiuto ai medici ma tutti gli accertamenti risultano negativi e lei si sente matta. Oramai il suo pensiero fisso è al tumore, sente che nel suo corpo qualcosa non va. Mi dice: sento la bestia che mi mangia dentro.

Ma non ci sono riscontri clinici e i medici le restituiscono che è il suo stato emotivo, che è depressione. Il marito le rimanda che lei deve vivere nella normalità, in mezzo ai sani e smettere di pensare negativo. E la malattia invece è tornata. Un tornado la colpisce quando arriva la diagnosi di metastasi. Sente la morte bussare alla sua vita in modo violento. Ricomincia tutto, esami, chemioterapia, controlli.

Con il marito non si può parlare. Lui cela il suo dolore dietro una cieca fiducia nella medicina che risolverà il problema, non riesce a prendere contato emotivo con la moglie. Però ora quando Barbara viene in colloquio entra anche lui. Chiede senza chiedere. Anche lui è spaventato ma non sa come si fa. È un uomo abituato a risolvere, con le mani, con le braccia, con l'impegno fisico, il resto è un alfabeto poco conosciuto. Eppure, piano piano, parliamo dei figli, dell'educazione, dell'essere padre, dell'avere un ruolo.

Dei ruoli che non ci sono più nella sua famiglia. Insieme si capiscono un po' di più perchè imparano ad ascoltare oltre le parole che a volte sono proprio dure. Le parole possono avere una violenza non immaginabile e lasciare un segno invisibile e incancellabile.

E poi ci sono le parole che curano. Il medico che dice che ce la può fare e ci crede mentre lo dice perchè la guarda negli occhi e la accarezza con la voce. Anche il medico oncologo è una donna, la comunicazione è magica. Forse era propio il momento giusto. Succede qualcosa dentro di lei e inizia a sentire la forza tornare. Decide che ce la farà. Decide che si alzerà per iniziare la sua vera marcia di vita. Comincia a camminare, sempre di più, comincia a migliorare, sempre di più. Ha sempre avuto amici cari, ha trovato la persona giusta che l'ha accompagnata all'inizio della sua marcia, giusta nei modi, giusta nei tempi. A volte serve proprio qualcuno che al momento giusto insegni di nuovo a camminare. E torna anche la serenità, addirittura la felicità di avere acceso i motori.

IL CANCRO AL SENO.
IL CANCRO AL FEMMINILE.

Ammalarsi fa parte della condizione umana ma la sola parola cancro evoca, nell'immaginario collettivo, una malattia grave e minacciosa. Richiama l'innominabile morte e con essa le paure e le angosce. La diagnosi di tumore apre mille pensieri e domande. Il corpo silenziosamente, improvvisamente tradisce, si trasforma in una sconosciuta macchina malfunzionante. Sintomi o screening, visite, dia-

gnosi, terapie, controlli. Spesso è tutto molto veloce, non c'è il tempo per pensare, per elaborare, per digerire ciò che sta accadendo e traformarlo in consapevolezza. Quello che accade nel **corpo** si può vedere, registrare, misurare, curare, e sempre più spesso, guarire. Quando la diagnosi è molto precoce infatti il cancro alla mammella è tra i tumori più curabili con una percentuale di sopravvivenza sempre più elevata grazie alla ricerca, alla prevenzione ed alla cura.

MA COSA ACCADE NELLA MENTE?

Come il corpo anche la mente ha un suo sistema di difesa e di protezione dalle ferite più pericolose per l'equilibrio psichico. Ma la mente vive un **tempo** diverso rispetto al corpo e soprattutto... non si vede. Sorpresa ed incredulità occupano un tempo utile a prendere distanza dall'evento. Il tempo della mente è, inizialmente, orientato a proteggere, ad allungare la salute perduta attraverso il pensiero: "si saranno sbagliati... non può succedere a me, non adesso", negando temporaneamente ciò che sta accadendo.

Ma il sentire è diverso e l'ansia si manifesta subito, già durante gli accertamenti e le attese, ed è legata alla perdita della sensazione di immortalità che accomuna tutti noi. Occorre recuperare la sensazione di controllo, almeno in parte, per poi, con un processo graduale, raggiungere un adattamento cercando di mantenere una accettabile sicurezza con l'utilizzo di strategie varie, più o meno adattive.

La reazione di sofferenza è soggettiva ma inevitabile.
La persona che si ammala di cancro incontra una dimensione di tempo finito. La mente non è molto a suo agio con i concetti di finito o infinito. Esiste un tempo prima della malattia ed un tempo dopo la diagnosi. Nulla è più come prima. Anche dopo tanto tempo, anche quando la malattia è lontana e sono trascorsi i mesi e gli anni di controlli, sempre meno ravvicinati, la mente e il corpo non dimenticano.

Il corpo guarisce e la mente rimane sospettosa, vigile su un corpo che ha già tradito una volta e può farlo ancora, è sufficiente un qualunque sintomo per ritornare lì con il pensiero e la paura. E sì, qualche volta accade. Accade che la malattia ritorni e una recidiva o una metastasi cambiano totalmete la prospettiva che trasforma l'obiettivo da guarigione a sopravvivenza.

PERCHÈ DI NUOVO?

Non ce la posso fare a ricominciare tutto.
Questa volta è la fine.

Il cancro al seno colpisce donne sempre più giovani, donne con marito e figli e le domande e i timori si allargano al sistema famiglia. I vissuti diventano di colpa, di solitudine e di comunicazione difficile perchè ciò che si sente e che si pensa non si può dire, o non si sa come dirlo perchè fa male.

Non posso dire a mio marito che non voglio morire. Come dico ai miei figli che ho un cancro? Come faranno loro se mi succede qualcosa? Chi si occuperà di loro? Come li proteggo da tutto questo?

Ma la famiglia e soprattutto i figli sono anche il motore che spinge le donne ad essere ancora più coraggiose, più determinate ad affrontare e superare il cancro, a guarire. Le donne si trasformano in guerriere, si armano silenziosamente, si uniscono tra loro, si aiutano vicendevolmente. Frequantano gruppi, chiedono il supporto psicologico, hanno bisogno di reti, di informazioni, di energia, di vita. Le bandane colorate coprono i capelli che non ci sono più, un modo per affrontare anche gli ostacoli sociali. A casa lo specchio restituisce un'immagine che non è più la stessa, fa male guardarsi. Non c'è lo spazio però per lamentarsi, c'è un gran lavoro da fare per uscire da questa condizione che spaventa. E le donne sono una forza della natura.

L'INTERVENTO DELLO PSICOLOGO

Le donne che chiedono l'intervento dello psicologo hanno le idee piuttosto chiare. Hanno bisogno di informazioni, di guida e di confronto. Cercano risposte scientifiche alle loro domande. Necessitano di uno spazio protetto, privato, tutelato dove poter portare le angosce e le paure e dove potersi lasciare andare senza fare male a nessuno. Vogliono essere accompagnate e sostenute nella loro fatica. Si cammina insieme, a fianco e l'obiettivo è arrivare in fondo al tunnel. Le donne vogliono essere attive, chiedono accesso alle informazioni sui trattamenti, sullo stile di vita in generale da modificare. È il momento di opportunità di scoperta di valori più profondi e più essenziali. È il tempo presente che chiede di essere vissuto.

Lo psicologo è parte dello staff multidisciplinare, e le donne possono essere prese in cura in qualunque momento del percorso, dalla diagnosi ai follow up, lo stesso vale per i familiari. Se è la coppia che chiede spesso la motivazione è la difficoltà di comunicazione che è ridotta, contenuta, dettata dal dolore che si manifesta attraverso la rabbia e i comportamenti insoliti.

Ci si chiude, ci si allontana per non farsi del male. Alcuni mariti o compagni non tollerano l'idea di una malattia grave e negano qualunque fisiologica paura provata dalla moglie o dalla compagna favorendo l'innalzarsi di un muro invisibile che rende sempre più distanti, tristi arrabbiati e soli. Anche l'intimità è ostacolata dalla paura. L'evento cancro è un'esperienza molto dolorosa. Le relazioni si modificano. Se ci sono figli minori o ragazzi, lo psicologo spiega e facilita la comunicazione aiutando i genitori a capire che cosa è meglio dire loro, come e quando. Se necessario si prendono in cura. La presa in cura consiste in colloqui individuali, di coppia o familiari con cadenza adeguata ad ogni singola situazione.

Lo psicologo interviene nelle situazioni di ansia importante o di depressioni. Ciascuno ha un suo modo di affrontare la malattia, dipende dalla personalità ma anche dal momento di vita, dalla famiglia, dall'ambiente sociale, dalla gravità della situazione. Ansia e tristezza sono reazioni fisiologiche alla malattia ma possono trasformarsi in risposte patologiche ed aggravare lo stato emotivo. È importante che la presa in carico sia precoce per evitare il cronicizzare dei sintomi e i comportamenti non adattivi. Favorire un adattamento alla situazione consente di capire che cosa sta accadendo e poter partecipare più attivamente ai trattamenti.

Lo psicologo può Intervenire con tecniche specifiche per affrontare traumi causati da cattive notizie, da situazioni, da terapie più o meno invasive, da comunicazioni verbali del personale sanitario, dei familiari o degli amici e conoscenti.

Lo psicologo può aiutare a riprendere familiarità con il corpo, a saperlo asoltare, rispettare, a imparare che non è solo una macchina da lavoro piegato alle esigenze del ciclo di vita ma parla attraverso la malattia. La donna può imparare a considerare la malattia non come una sconfitta ma come ricerca di autoconoscenza.

Stare nella sofferenza dell'altro è difficile, può far male, richiede energia, volontà e preparazione. Ma questo è quello che chiedono le guerriere: "mostrami che si può reggere questa sofferenza, dimmi che non ti fa paura e anche io reggerò".

Non ti fermare Barbara. Ti seguiremo in tanti.

La malattia finisce per modificare perfino i tuoi sensi. Vista, udito, odorato, gusto e tatto in qualche modo ne escono prima o poi modificati. Quando non stravolti. Mai sentito di una donna con il cancro che dica di apprezzare la buona tavola come prima.

Mi basta assaggiare un piatto e m'accorgo della differenza. Prima aveva un altro gusto. Soprattutto era più gradevole. E un dolce, un gelato, più delizioso. Le ghiottonerie, i manicaretti, le leccornie e le prelibatezze te le dimentichi. Un negozio vale l'altro. L'Angolo delle Golosità estreme e l' hard discount sullo stesso piano. È tutto anonimo e omologato. E non sempre ti viene voglia di mangiarlo.

Cambia anche la tua testa, il tuo modo di vedere, il tuo modo di giudicare gli altri e gli avvenimenti. Non ci posso fare nulla ma non sopporto più le generalizzazioni e le semplificazioni. Diventi intollerante. Insofferente dei *tromboni* e di chi *sotuttoio* e *tidicoiocomestaitu*, una tribù in rapida crescita di questi tempi.

Non ne posso più di chi alza la voce con sicumera come i più fanno nei talk show. Disdegno tanto l'ipocrisia e i piagnistei quanto la morbosità sfacciata senza ritegno di certa Tv del dolore che sui drammi altrui costruisce i propri successi di audience. Le falsità mi indignano. Manderei ogni volta a quel paese anche chi mi parla di cavolate pensando di farmi cosa gradita. Per distrarmi.

L'ironia no, l'apprezzo. Detesto sia le persone superficiali che quelle noiose. Prima del cancro non ero così.

Ero estremamente accomodante con tutti. Adesso seleziono le mie amicizie. Per forza.

Noi che spesso parliamo di metastatiche (un *chiodo fisso*!) e la mia vicina, che appena tornata dalle vacanze già pianifica le prossime gite, viviamo due realtà diverse. Buon per lei. Noi ci dobbiamo programmare le visite, i controlli, la PET, la TAC...; questa è la nostra vita e queste sono le nostre priorità. È così anche per chi ci sta accanto e ci segue. Stiamo male noi? Stanno malissimo anche loro.

E per contro la nostra felicità è anche la loro. No, non ho le *traveggole* nel dir questo. Dopo tutto quel che abbiamo affrontato, noi siamo davvero felici di essere ancora vive. E non sopravvissute. Tutte vogliamo una vita normale.

La prevenzione

Detto per inciso, di curioso, c'è il fatto che mi accingo ad iniziare questo racconto e questo libro proprio di ottobre che è il mese della prevenzione per il seno. Una coincidenza non voluta, assai sorprendente, più di quel che possa apparire. Destino, fatalità? In ogni caso è capitato ed è una cosa molto bella.

Io ero una *fissata* della prevenzione e non solo per me. Con tutti. Così insistevo con le amiche perché facessero la mammografia e con gli amici perché non trascurassero l'esame del PSA. Addirittura prenotavo per loro anche i test di screening. Non solo per i miei familiari.

Dott. Maurizio Castelli

Medico legale e Direttore del Dipartimento di prevenzione Usl VdA

Il ruolo della prevenzione nella lotta alle patologie neoplastiche

Il documento Health 2020 dell'OMS sottolinea che "un buono stato di salute si riverbera positivamente su tutti i settori e sull'insieme della società". Sulla base di tale presupposto, l'attività di promozione della salute e di prevenzione è diventata centrale nei sistemi sanitari per creare migliori condizioni di vita, migliorare la cultura sanitaria e far sì che la scelta più sana sia anche la scelta più facile da raggiungere.

Ciò è particolarmente importante nella prevenzione delle patologie neoplastiche, poiché è necessario agire precocemente (fin da giovani) per contrastare i fattori di rischio. Si è visto infatti che è possibile ridurre l'incidenza dei tumori (e delle patologie croniche non trasmissibili a questi correlabili) intervenendo sui cosiddetti determinanti di salute.

Alcuni di essi possono essere strettamente individuali, come il sesso, l'età, il patrimonio genetico; altri sono legati al comportamento personale ed allo stile di vita, a fattori sociali, a condizioni di vita, lavoro e accesso ai servizi sanitari, a condizioni generali socioeconomiche, culturali e ambientali.

Riguardo i corretti stili di vita, ciascuno di noi può osservare alcune regole fondamentali: abolire il fumo; fare uso moderato di alcool; seguire una dieta sana ed equilibrata (consumare regolarmente frutta e verdura, limitare i cibi molto calorici, evitare le bevande zuccherate, evitare le carni conservate, limitare le carni rosse cotte alla brace, limitate i cibi ricchi di sale) mantenendo un peso corporeo adeguato; praticare attività fisica moderata quotidianamente; evitare uso/abuso di sostanze o farmaci.

Importante è inoltre l'adesione ad interventi di sanità pubblica di prevenzione primaria (ad esempio i programmi di vaccinazione per epatite virale B nei neonati, per i neonati, e papillomavirus (HPV), per gli adolescenti).

La partecipazione a programmi di prevenzione secondaria (screening oncologici per i tumori femminili e per quello del colon-retto), infine, è fortemente raccomandata. Fare una diagnosi precoce di malattia significa trattare un tumore nei suoi primi stadi. Significa buoni risultati in termini di trattamento con interventi chirurgici o farmacologici meno invasivi. Significa soprattutto migliore qualità della vita per la persona che si sottopone alle cure e maggiori probabilità di guarigione.

CORREVA L'ANNO DI GRAZIA 2009

Adesso può cominciare la mia storia. L'anno di inizio è il 2009, quando, il 28 gennaio, vado a farmi la mammografia per me ormai di routine. Come sempre ci vado senza essere accompagnata. Sola perché non pensi mai che possa succederti qualcosa e che possa accadere proprio a te. E che potresti aver bisogno quel giorno di qualcuno, di una spalla su cui piangere.

Ci sono sempre andata convinta dell'utilità della diagnosi precoce. Quello del seno è il primo tipo di tumore per diffusione e mortalità tra noi donne, ma preso per tempo può essere curato. Oggi più di ieri e domani lo sarà più dei nostri giorni. Ci sono sempre andata anche se talvolta mi sentivo dire: ma perché ci torna?

Ho deciso di raccontarvi tutto, ma proprio tutto, perciò non trascuro quest'altro particolare. Mi sono sentita dire più di una volta nella mia prima vita: perché lei fa la mammografia e la fa tutti gli anni visto che non ha un seno con problemi, ha allattato Fabien e Olivier per due anni ciascuno e non ha familiarità? Oggi provo a pensare: e se quella volta non ci fossi andata? Se avessi deciso di saltare un anno? È quasi sicuro che non sarei più qui. Qui a raccontarvi come mi preparo per l'ultima prova. Cosa faccio per allontanare il più possibile la fine.

Intanto però conviene parlare dell'inizio. Quel famoso giorno del 2009 entro in ambulatorio ad Aosta con il sorriso. Entro, saluto sicura di me stessa, quasi vado di corsa felice e senza pensieri. Fino a quando la radiologa mi dice, lo ricordo bene: "bisogna ripetere l'esame con ingrandimenti".

MI CROLLA IL MONDO ADDOSSO.

Quando poi la dottoressa viene a parlarmi chiedendomi se ricordo casi di familiarità in fatto di tumori, la guardo con occhi spalancati senza riuscire più a parlare per le lacrime così copiose che non riesco a frenare. Anche questo resta naturalmente in memoria.

Le uniche parole che sono stata capace di pronunciare erano per i miei bambini: come faranno? I miei due ragazzi Fabien e Olivier all'epoca avevano rispettivamente 10 e 8 anni. Troppo piccoli e indifesi. Non puoi chiedere ai figli a quell'età di stare soli senza la loro mamma. Troppo crudele.

La dottoressa e l'infermiera cercano di farmi coraggio. Ricevo da loro tanta gentilezza, ma sono impaurita. Cosa farò? Cosa mi succederà? Mi danno appuntamento per il giorno dopo per l'agoaspirato. Uscendo dall'ambulatorio mi avvio quasi di corsa alla mia macchina. Un rifugio provvisorio in cui poter almeno riordinare le idee. Che fare? Telefono, cosa posso fare di più? Chiamo una mia amica e successivamente mio marito. Chiama nel frattempo anche mia sorella. A lei dico soltanto: "non so cosa fare".

A mio marito invece chiedo subito: "mi ami?". Senza aggiungere altro e alla sua risposta affermativa ma già piena di dubbi gli spiego tutto senza fermarmi e senza dargli modo di interrompermi.

"Esci dalla macchina, fermati lì e aspettami, io lascio il lavoro subito e ti raggiungo", mi dice lui alla fine concitato e risoluto insieme.

Mi faccio forza e rispondo sicura anch'io: "No, guarda che posso ancora guidare... ci si vede a casa."

A Planaval di Arvier dove abitiamo scendo subito dalla macchina per correrli incontro. Ci si abbraccia soltanto. Le parole sono inutili.

Passiamo tutta la notte abbracciati, ma a piangere adesso è mio marito. Io cerco di dar coraggio a lui. Mi rendo già conto che dovrò essere forte io.

Agoaspirato è un termine che può disorientare al solo sentirlo pronunciare. La paura c'è, eccome, ma non è per il dolore (in realtà l'agoaspirato è pressoché indolore). È il panico per l'attesa. Quando avrò i risultati? Me lo sono domandato anch'io pur avendo saputo subito che sarei stata comunque operata. Qualunque fosse stato l'esito. Nel mio caso l'ago aspirato mi era stato prescritto solo per confermare la diagnosi.

L'attesa cionostante moltiplica l'ansia e le domande. Come farò a dire del tumore a mia mamma che soffre di esaurimento nervoso? Come farò a spiegarlo ai bambini?

Mio marito, i miei figli, i miei cari... Il cuore batte forte ma batte in modo anche strano appena penso a loro e al cancro che è in me. E dire che ancora non so e non penso a tutto ciò cui andrò incontro. Chemio, radio, cambiamenti. Piuttosto continuo a ripetermi: ma perché proprio a me? Mille domande, zero risposte!

Una risposta però la devo ai miei bambini. Come spiegar loro perché la mamma dovrà andare e venire dall'ospedale? Grazie a Dio la soluzione l'ha trovata Emilio... e quando ci penso, ancora sorrido.

È la trasformazione del dramma in gioco. E come per una sorta di battaglia navale, un gioco da tavolo e di società, parlando ai figli aveva messo me in trincea, la malattia in attacco e le medicine in difesa... Ovviamente per i bambini tutte le medicine guariscono sempre la malattia e così pure la mamma... sarebbe GUARITA!

CON LA MIA FAMIGLIA IN VACANZA IN TUNISIA NEL 2008

Dott.ssa Anna Maria Rosanò
Medico Radiologo Usl VdA

Il caso di Barbara, seppure nella sua peculiarità, è piuttosto frequente: la paziente si reca a fare la mammografia per un normale controllo periodico, a scopo di prevenzione.

Quello di Barbara era stato un controllo spontaneo, con impegnativa del medico curante, al di fuori del programma di screening mammografico.

La mammografia ha evidenziato un nodulo sospetto, subito confermato con l'ecografia mammaria, e Barbara è stata immediatamente avviata al completamento diagnostico-strumentale, eseguito tempestivamente il giorno successivo, mediante ago-aspirato della lesione.

La mammografia è allo stato attuale l'esame fondamentale per la prevenzione del tumore della mammella ed è molto importante perché permette di rilevare lesioni mammarie in fase anche molto precoce.

Il nostro consiglio è quello di sottoporsi a mammografia a partire dai 40 anni di età.

Si tratta di un esame non invasivo e generalmente solo un po' fastidioso; il dolore eventuale è dovuto alla compressione della mammella su un supporto in plastica e dura pochi istanti. Se la mammografia rileva opacità "sospette", come nel caso di Barbara, si procede rapidamente all'effet-

tuazione dell'ago-aspirato, che è l'esame più comunemente impiegato per la diagnosi di natura del nodulo.

L'ago-aspirato consente di prelevare attraverso un ago sottilissimo (del diametro di un comune ago da iniezione) un campione di materiale biologico.

La procedura non è dolorosa, dura pochi minuti e non richiede anestesia.

Le cellule prelevate vengono inviate all'esame di anatomia patologica per la diagnosi al microscopio.

Nel caso di esito positivo, come accaduto a Barbara, si procede all'invio della paziente in chirurgia toracica per l'individuazione del linfonodo sentinella e si avvia il processo di cura, che prevede l'asportazione del nodulo, ed eventuali ulteriori terapie, a seconda del tipo di lesione e del grado di malattia.

FARE (MOLTO) DI PIÙ.
WE CAN. I CAN.
NOI POSSIAMO. IO POSSO.

Lo dicevo già quando ero sana; lo ripeto ora da malata. Nella lotta contro il cancro possiamo tutti noi fare qualcosa di più. Io di certo posso. Noi lo possiamo. Attraverso l'informazione, la prevenzione, diagnosi precoci, l'azione e il coinvolgimento di tutti. Anche, quando occorre, indignandoci!

È ormai senza dubbio documentato: aumenta il numero di chi vince la malattia con diagnosi precoci e cure mirate. Ma sulla prevenzione si deve fare di più. Si può fare intanto con più corretti stili di vita, si può fare di più con la ricerca (che in Italia conta ancora su finanziamenti insufficienti) e guai se i tagli alla sanità dovessero ulteriormente salire a scapito dei malati. Sulla pelle dei malati. Continuando a tagliare con altre sforbiciate ai fondi per il servizio sanitario nazionale verrà smantellata la sanita pubblica. Tanto da minacciare il diritto stesso alla salute dei cittadini italiani.

Qual è oggi la situazione? Lasciamo prima di tutto parlare i numeri. Più di un italiano su 20 convive con una diagnosi di tumore: se è vero che siamo 60 milioni circa ad abitare il Paese, sono infatti 3,3 milioni coloro che hanno o hanno avuto a che fare con il cancro. E sono 900.000 le persone che si possono considerare guarite. La mortalità è in calo e il tasso di sopravvivenza è aumentato. Risultati incoraggianti che non possono farci trascurare né sottovalutare la realtà. La malattia non è alle spalle. Non per tutti. Nel 2030 il cancro sarà la principale causa di morte nel mondo. Nel 2017, solo in Italia, si sono stimati 369 mila nuovi casi.

La morsa della Legge di Stabilità.

L'incidenza dei tumori è in aumento. Ecco perché il problema delle risorse e della sostenibilità del sistema sanitario, già in crisi, è enorme. Le cure hanno costi importanti: parliamo di chirurgia, radioterapia e chemioterapia che rimangono fondamentali per salvare la vita delle persone. Hanno un peso rilevante pure i costi dei farmaci. E sono tutte spese non eliminabili. Anche sotto il profilo economico quindi la prevenzione ha un altissimo valore. Fate attenzione a chi enfatizza l'importanza della ricerca e delle migliori cure necessarie per salvare la vita delle persone. Aggiungerà a ragione che sono importanti così come la diagnosi precoce e vi spiegherà che l'adesione ai programmi di screening ridurrebbe di un terzo le diagnosi di tumori e di un altro terzo verrebbero ridotte con l'adozione di stili di vita sani. We Can. I Can, dicevamo all'inizio. Noi Possiamo. Io Posso. È tutto vero. Se vogliamo che sia fatto (molto) di più dipende anche da ognuno di noi. Sei d'accordo adesso? È stato raccomandato anche nel World Cancer Day, uno dei più grandi eventi nel mondo dedicato alla prevenzione del tumore. Tutti dovremmo capire l'importanza della prevenzione, facendo scelte di vita salutari, dedicandoci alla diagnosi preventiva, prendendo confidenza con il nostro corpo, imparando a conoscerlo o riconoscendo i potenziali segni della malattia, facendoci controllare con regolarità. E sensibilizzare sul cancro più persone possibili. Tutto per evitare che la nostra società accantoni e dimentichi la malattia, come troppo spesso accade.

GUARIRE!

Adesso che ci penso, capisco che "guarigione" a cominciare da quei giorni del 2009 non è stata mai per me una parola qualunque. Quando mi si dice: "dai, Barbara ce la farai, il cancro non è invincibile", quella non solo non è per me una frase di rito. Non è nemmeno soltanto una dichiarazione amichevole con cui si comunica vicinanza. Oltre ad essere un simbolo di speranza diventa da allora per me un traguardo assoluto da raggiungere. Guarigione è una parola d'ordine che da subito usano parlando con me alcune delle mie amiche. Clo, che è la pediatra dei miei figli (ma che cura pure me...), insieme cerca anche di minimizzare, ma conosce benissimo la gravità della situazione. Antonella mi abbraccia e piangiamo insieme. Lei pure alimenta la mia speranza di guarigione e succede proprio quando l'attesa dell'operazione ha per contro un che di tremendo, di terrificante. Agghiacciante è forse l'aggettivo giusto.

Quel che ricordo di quei giorni è che mi butto letteralmente a capofitto a fare qualsiasi cosa. Sbrigo pratiche; preparo il tutto per assicurare l'assistenza domiciliare per la mia mamma perché so che avrò necessità di stare lontana da lei anche per tanto tempo. Ma non riesco a concentrarmi come vorrei. Fortunatamente grazie all'aiuto di Liliana riesco a fare tutto. E bene.

Chiamo la mia amica Nadia Rondi, dottoressa alle Molinette di Torino, radioterapista. Le faccio mille domande; lei con la sua pazienza ha sempre una risposta a tutto. Mi starà sempre accanto. Ho anche la fortuna di avere il mio amico Osvaldo Bruna, ginecologo, vicino a me al momento dell' ago aspirato. È bello in circostanze come questa avere accanto qualcuno che conosci. Osvaldo mi consola e abbraccia a lungo anche Emilio dopo il prelievo.

L'ago aspirato è proprio come uno se lo può facilmente immaginare: si inserisce l'ago nel seno per prelevare un campione sufficiente di cellule da analizzare poi al microscopio. Nessun dolore in quel momento, ma questo l'ho già detto. Una punturina poi ti mettono il cerotto e via. Tutto qui. Solo il disagio nel vedere bucare proprio il seno – un'icona per noi donne, simbolo della nostra femminilità – che rimarrà nel mio caso per un po' anche livido. Nei giorni successivi diventerà anzi tutto nero e sarà pure dolorante.

NON MI IMPORTA PIÙ NIENTE QUEL CHE VEDO. BELLO O BRUTTO CHE SIA.

Era in corso in quel periodo ad Aosta la Fiera di Sant'Orso che per un valdostano è sempre un avvenimento da non perdere. Un evento capace da più di mille anni di scaldare i cuori dei visitatori. Una rassegna dell'artigianato di tradizione dove far compere (ti raccomandano di acquistare almeno un cucchiaio, un mestolo, un fiore da portare a casa come souvenir, se non puoi acquistare tutti gli anni una statuetta di legno) e una gran festa dove mangiare, bere, cantare e ballare insieme, naturalmente in allegria. Di giorno e anche di notte.

Emilio aveva tanto insistito per portarmi. Pensava che mi avrebbe "preso" il clima della festa; così non avrei pensato troppo all'intervento imminente. Non ci riuscìi malgrado tanti sforzi e malgrado tanto girare per i banchi degli espositori. C'era anche Liliana con noi, ma io ricordo solo il seno che quel giorno mi faceva tanto male e un gran freddo che mi scuoteva il corpo come una lama.

Guardavo e non vedevo niente. Nessuna emozione; avevo solo voglia di andarmene. Altro che mangiare, bere, cantare e ballare! Attorno a me la gente quando non rideva almeno sorrideva, ma io avevo soltanto una grande tristezza dentro, pur cercando di nasconderla almeno a mio marito.

Era la paura soprattutto per quel che mi aspettava. Quel giorno era il 31 gennaio; di lì a poco, il 10 febbraio, proprio il giorno del compleanno di mio papà, avrei dovuto fare il linfonodo sentinella per capire se il tumore originato nel seno avesse già iniziato a diffondersi ad altri organi.

La biopsia del linfonodo sentinella può essere eseguita direttamente durante l'intervento al seno oppure, come nel mio caso, prima dell'intervento stesso. Per decidere l'approccio chirurgico successivo.

Arrivo a questo appuntamento abbastanza informata sul-

le terapie perché a tante mie domande ho ottenuto già le prime risposte. So quindi che i linfonodi, chiamati anche ghiandole linfatiche, sono piccoli organi tondeggianti o a forma di fagiolo, situati lungo le vie linfatiche. Trasportano, come si può immaginare, la linfa, un liquido contenente molti globuli bianchi incaricati della difesa dell'organismo.

Per individuare il linfonodo sentinella (il primo linfonodo cioè che le cellule tumorali incontrano) si inietta in genere una piccolissima quantità di una sostanza radioattiva nei pressi del tumore: il linfonodo che verrà raggiunto per primo è quello da asportare ed esaminare in laboratorio. Nel mio caso si è deciso così come eseguire l'intervento successivo. Dove e quanto asportare di conseguenza.

È in quell'occasione che conosco il dottor Roberto Barmasse che diventerà il mio salvatore. Fino a quel momento di lui conoscevo solo due passaggi del curriculum vitae ufficiale. Il titolo di studio, la laurea in Medicina e Chirurgia, la specializzazione in Chirurgia Generale e il master in Senologia. Questo mi bastava però, per sentirmi in buone mani.

A tutti questi appuntamenti conosco una ragazza con cui poi farò veramente amicizia. È Daniela, una mia grandissima amica.

Alla dottoressa Rosa Berti che ha un'esperienza consolidata in Chirurgia Toracica Senologica mi trovo a chiedere, in quei giorni con insistenza, di spiegarmi perché i tumori al seno non sono tutti uguali. Le dico anche: "Forse perché ci può essere un tumore maligno e un altro benigno?

Solo per questo?". Ora ne sorrido; evidentemente ancora mi aggrappavo alla speranza che il mio non fosse cancro (se parlando di cancro ci si riferisce in modo generico a tutti i tumori maligni).

Solo successivamente saranno soprattutto le parole in Tv del Professor Umberto Veronesi a mettere in me un po' d'ordine quando sentirò testualmente dire che "il cancro non è più una malattia incurabile" e che "le moderne terapie possono salvare la vita salvaguardando anche l'identità psico-fisica della persona". Grandissima cosa.

Allora, nel 2009, invece capivo e non capivo, malgrado facessi sempre molte domande in giro.

Dott. Roberto Barmasse
Direttore chirurgia toracica, senologica ed endocrinologica Usl VdA

La struttura di Chirurgia toracica ha preso in carico Barbara dopo che la prima fase dell'iter diagnostico ha evidenziato una positività per patologia neoplastica. Il passo successivo, quindi, è stata l'individuazione del linfonodo sentinella.

Si tratta di una procedura che permette di sapere se il tumore originato nel seno abbia iniziato a diffondersi ad altri organi. Immaginiamo il sistema linfatico come una rete di "canali" in cui scorrono i fluidi presenti nei tessuti per cederli al sistema circolatorio e i linfonodi come dei "porti" lungo questa rete: nell'ascella si trovano diversi gruppi di linfonodi ed è qui che transitano i fluidi che provengono dal seno. Quindi, in caso di tumore al seno, le cellule tumorali che vi transitano possono raggiungere altri organi.

Ecco l'importanza del linfonodo sentinella: si analizzano in sequenza i linfonodi e se il primo (o un altro in successione) è negativo, significa che da lì in poi le cellule tumorali non sono passate e quindi il tumore non si è diffuso.

A questo punto si può evitare lo svuotamento del cavo ascellare, ovvero l'asportazione di tutti i linfonodi e procedere alla mastectomia, ovvero alla rimozione del seno oppure alla quadrantectomia, che è un intervento conservativo: la mammella viene divisa in quattro aree e l'asportazione interessa solo la porzione della zona interessata dal tumore.

La durata del ricovero ospedaliero varia in base al tipo di intervento e alle condizioni della paziente e può durare da 3 a 6 giorni.

Nel caso di Barbara abbiamo dovuto procedere ad una quadrantectomia con asportazione di tutti i linfonodi ascellari in quanto il linfonodo sentinella era risultato metastatico.

L'ULTIMA SIGARETTA.

Il 19 febbraio è il giorno del ricovero. Prima fumo la mia ultima sigaretta. Meno male che mi sono decisa a smettere!

Entro in Ospedale e vengo ricoverata in camera insieme alla mia nuova amica Daniela. Mi dicono quasi subito che il linfonodo sentinella è positivo e dunque dovrò stare una settimana in ospedale.

Piango a dirotto, ma non perché il linfonodo sentinella sia positivo. Già me l'aspettavo. Piango solo perché rimarrò fuori casa più del previsto. Avevo immaginato solo tre giorni.

Evidentemente ancora non capisco la gravità della situazione; penso solo ai miei bambini.

Viene a trovarmi in quel periodo anche Piera Dupont, mia amica e testimone alle mie nozze con Emilio. Lavoravamo assieme, io e Piera, e pure lei era stata operata per un tumore come il mio al seno. Solo due anni prima.

Conosco la radiologa Alessandra, che poi mi seguirà nel mio percorso. Posso dire di aver avuto fin da subito dei bravi medici? Sì, il più delle volte soprattutto dei Medici Umani che è poi una bellissima definizione, io trovo. Fa giustizia di un andazzo prevalente, che vorrebbe privilegiare troppo la dimensione tecnica dei medici, trascurando il versante umano della professione. Come se i medici avessero in cura non una persona su cui intervenire, ma un numero. E si comportassero come si fa con una macchina in avaria. Proprio così… basta saper individuare il guasto e porvi rimedio. Io invece ho avuto a che fare con medici a dir poco dolcissimi. L'umanità (associata alla professionalità) di un medico e di un operatore sanitario è un bene prezioso. Comprende l'incoraggiamento e il conforto. Questa è la sanità che anche noi pazienti dobbiamo valorizzare.

Voglio qui citare, esemplificativamente, chi mi ha fatto la mammografia, Anna Maria Rosanò, la fisiatra dell'ospedale Cristina Casalino e Laura Mus, che fa parte dello staff di Ortopedia e Traumatologia, assurta ormai a punto di riferimento d'eccellenza per la chirurgia della mano. Sempre così disponibili e brave.

Dott.ssa Cristina Casalino
Fisiatra Usl VdA

Barbara ha un linfedema dell'arto superiore, una complicanza legata allo svuotamento linfonodale del cavo ascellare.

In questa situazione, difficilmente le pazienti intraprendono una attività fisica, perché, seppur lieve e prudente, è comprensibilmente impegnativa.

Barbara è stata bravissima: nonostante la progressione della malattia ha iniziato a muoversi ed ha avviato un intenso programma di Nordic Walking.

Questa disciplina, che per le sue caratteristiche va oltre il normale escursionismo, ha portato evidenti vantaggi dovuti all'impiego dei bastoncini, che richiedono il movimento delle braccia, delle spalle e del tronco.

Noi insistiamo spesso con le pazienti affinché cerchino di muoversi e di fare attività fisica, come le passeggiate e la ginnastica, ma sappiamo bene che dopo l'intervento e durante i cicli di chemioterapia e di radioterapia non è facile.

Barbara ha dimostrato che con tenacia e forza di volontà l'attività fisica e sportiva si può e si deve fare: la sua determinazione è uno splendido esempio di come si possa migliorare a livello fisico (il linfedema va molto meglio) e mentale, perché importanti benefici derivano anche dal buonumore.

SALENDO AL RIFUGIO ÉPÉE (VALGRISENCHE)

Il giorno dell'intervento rimarrà sempre nella mia memoria come un ricordo bello e brutto insieme. Difficile da spiegare a voi, ma ci provo. Finalmente mi sentivo…pulita, dopo l'intervento. Strano, vero? Ma bastava ricordarmi che avevo il cancro… e io mi sentivo di nuovo sporca! Quella settimana in Ospedale, non è stata davvero facile. Scintigrafia, TAC, medicazione. Ma ero in buona compagnia con Daniela. La zia Albertina madrina di Olivier, e Ivana la maestra d'asilo dei miei figli venivano sempre a trovarci. Tutte, anche loro, con questo mio problema. Il tumore.

Ora invece…sono rimasta sola. Le mie compagne di viaggio non sono più con noi. Sono Angeli.

Prima dell'intervento mio marito mi aveva scritto a caratteri cubitali sulla mano l'acronimo EFO. Cosa significhi è presto detto.

E, STA PER EMILIO, MIO MARITO,

F, COME FABIEN, MIO PRIMO FIGLIO,

O, COME OLIVIER, MIO SECONDO FIGLIO

Ho apprezzato quest'altra trovata di Emilio, tanto da promettergli: "Appena starò meglio mi farò un tatuaggio con il tuo EFO!"

FABIEN, EMILIO E OLIVIER

Sempre prima del giorno dell'intervento faccio la conoscenza di VIOLA, l'Associazione a sostegno della vita dopo il cancro. Ovviamente ne avevo già sentito parlare; sapevo che era nata per sostenere le donne colpite da tumore al seno per iniziativa di un'altra donna, la grande Nadia Bérard, scomparsa, di cancro al seno, qualche anno prima. Quel giorno conosco la Presidente in carica Raffaella Longo. Passa a trovarmi ed è un incontro per me importantissimo. Dolce, straordinariamente gentile, Raffaella mi colpisce subito perché ha le parole adatte di comprensione per la mia situazione. Ci è passata anche lei, mi dice subito. È informata, risponde ad ogni mia domanda. Mi affeziono rapidamente a lei. Ad un certo punto non smetto più di parlare, sono inarrestabile. Le chiedo seduta stante di prendere per me il ruolo di guida, di accompagnarmi lungo questo nuovo percorso a me ancora grandemente sconosciuto. È da allora la mia madrina. Conoscete l'espressione attaccarsi a qualcuno? Io ho fatto così anche con Raffaella.

VIOLA

Associazione a sostegno
della vita dopo il cancro

I PRIMI PASSI DI VIOLA, RAFFAELLA RICORDA NADIA.

Era il gennaio del '95 e mi trovavo nella sala d'attesa del Day hospital di oncologia, spaventatissima, dovevo iniziare il mio primo ciclo di chemioterapia, quando ho visto uscire da uno studio medico una ragazza con occhi verdi bellissimi ed un sorriso aperto, ci siamo guardate ci siamo parlate!

Fu subito tra noi una corrente di forte empatia, avevamo circa la stessa età, la stessa diagnosi e la stessa mente affollata di domande in cerca di risposte. Da quel momento condividemmo i nostri percorsi e le nostre esperienze e più passavano i giorni più crescevano le domande e i dubbi che esigevano risposte.

Ed è proprio da queste esigenze che crebbe in Nadia Berard il forte desiderio, il sogno di poter disporre di un luogo, di un metodo per aiutare e sostenere le donne che si trovavano ad affrontare la stessa esperienza.

Queste donne avevano bisogno di uno spazio cui accedere, in un momento di smarrimento per trovare risposte ai molti angoscianti interrogativi, un luogo da non confondere con un ambulatorio medico, ma un rifugio in cui trovare volontarie formate e capaci di rispondere alle esigenze più semplici di una una quotidianità che mutava. Nell'agosto del 1997 nacque così l'associazione Viola guidata da Nadia Bérard.

Raffaela LONGO

La **Lega Italiana per la lotta contro i Tumori - LILT** - è l'unico Ente Pubblico su base associativa esistente in Italia, con la specifica finalità di combattere il cancro. Opera, fin dal 1922, senza fini di lucro su tutto il territorio nazionale, sotto l'Alto Patronato del Presidente della Repubblica e la vigilanza del Ministero della Sanità. Collabora con lo Stato, le Regioni, le Province, i Comuni e gli altri enti e organismi operanti in campo oncologico. È membro dell'European Cancer Leagues (ECL), dell'Unione Internazionale Contro il Cancro (UICC), del network internazionale European Men's Health Forum (EMHF) e svolge un ruolo istituzionale nell'ambito della programmazione oncologica europea. L'obiettivo principale della **LILT** è sconfiggere i tumori promuovendo la cultura della prevenzione: primaria (diffusione di corretti stili di vita, sana alimentazione, lotta al tabagismo), secondaria (diagnosi precoce, avvalendosi anche dei 397 Ambulatori presenti su tutto il territorio nazionale) e terziaria (riabilitazione fisica, psichica, sociale e occupazionale del malato oncologico; assistenza domiciliare). La prevenzione infatti è considerata da sempre il compito istituzionale prioritario della **LILT**, così come ben evidenziato nel suo motto "**Prevenire è vivere**" La Sezione **LILT** della Valle d'Aosta, Onlus, è presente sul territorio valdostano fin dal 1979 ed ha la propria sede in Via Xavier de Maistre 24 ad Aosta. Opera con progetti e attività rivolti a tutti i cittadini - sia alle persone ammalate, sia a coloro che non sono personalmente coinvolti nella malattia - e si prefigge l'obiettivo di dare appoggio **prima** (prevenzione ed educazione alla salute tra i giovani e nelle scuole, gruppi per smettere di fumare, informazione, consulenza, formazione), **durante** (il servizio di assistenza domiciliare al malato oncologico), **dopo la malattia** (prevenendo ed attenuando i disagi di chi ha vissuto la patologia oncologica). **Nell'anno 2010, i volontari LILT hanno ottenuto il premio VOLONTARIO DELL'ANNO** indetto dalla Presidenza del Consiglio della Regione Autonoma Valle d'Aosta.

Il Presidente LILT Valle d'Aosta
Salvatore LUBERTO

INTERVENTO E REFERTO. IL TUMORE ADESSO HA ANCHE UN CODICE: G3

L' intervento chirurgico per rimuovere i tessuti malati dal seno mi obbligò come previsto ad una settimana di ricovero. E poi, mi chiederete voi, cosa ti è successo? Al momento delle dimissioni i medici non avevano fatto previsioni. Ero ben informata che il post-intervento può dipendere da molti fattori e quindi sapevo che ogni donna reagisce in modo differente dopo l'operazione.

Avevo chiesto: "Quali possono essere nel mio caso gli effetti collaterali? I disturbi più comuni?" Ricevendo questa risposta: "Saremo forse costretti a toglierle l'acqua sotto l'ascella", mi avevano detto. E così è stato. Torno in Ospedale ogni martedì per l'aspirazione del siero prima che sparisca completamente.

Un mese dopo vengo chiamata per la visita oncologica. Nel frattempo è arrivato il referto istopatologico. Il tumore adesso è identificato; diventa oggetto della mia conoscenza. I medici mi dicono che è uno dei più aggressivi, un G3. Meglio intanto tagliare i capelli in previsione della chemio.

Già prima dell'intervento avevo fatto un bel taglio; adesso dopo il risultato del referto mi decido per un altro taglio ancora. Piano, piano, piano…resto quasi senza capelli. Chissà poi perché noi donne ci soffermiamo così tanto sui capelli? È anche stavolta la mia psicologa Giuliana a spiegarmi che a preoccuparsene è pure positivo. Come sarebbe a dire?

Lei taglia corto e per tranquillizzarmi dice: "Almeno si evita di pensare a cose più serie".

Tranchant! È qui che Emilio esprime la sua sensibilità, entra in bagno e poco dopo esce con la testa completamente rasata! L'ha fatto perchè il giorno dopo ci sarebbe stata la cena di classe di Fabien, alla quale non volevo parecipare perchè senza capelli.

FABIEN GEX

Fare la mamma è uno dei "lavori" più difficili e duri della vita, non è semplice, ma oltre a ricoprire il ruolo di genitore, la mamma ha anche un ruolo di amica confidente. Questo è il caso della mia mamma, l'unica che mi ha sempre aiutato e supportato nelle mie scelte, anche se talvolta avevo delle idee molto bizzarre, tu non mi hai mai lasciato solo, mi hai sempre appoggiato, nonostante tu avessi problemi molto più grandi a cui pensare. Hai sempre messo da parte te stessa e la tua salute per pensare soltanto alla tua famiglia, per questo te ne sarò sempre grato!
Ti voglio bene mamma, non te lo scordare mai.

OLIVIER GEX

Spero che in futuro, quando diventerò padre, saprò essere almeno la metà della persona che sei stata e che sei, ti amo mamma.

DOPO L'INTERVENTO.
VISITA ONCOLOGICA, CHEMIO E RADIO

Il 26 marzo 2009 mi accompagnano alla visita oncologica Emilio e Clo. Tutti e tre mano nella mano. Che tensione quel giorno, la dottoressa mi spiega tutto, poi chiede se ho delle domande da fare. Resto come bloccata. "Le domande le farà Clo", rispondo, "perché lei essendo medico riesce a capire di più." Di nuovo ho voglia solo di piangere.

PER ME ADESSO È UN MONDO
TUTTO NUOVO. È L'IGNOTO.

Inizia un percorso tutt'altro che facile. TAC, raggi di controllo, appuntamento per mettere il CVC per iniziare la chemio. Due parole per me ormai familiari. La chemioterapia che letteralmente indica qualunque trattamento terapeutico a base di sostanze chimiche, nel nostro caso è riferito alle cure farmacologiche rivolte contro il cancro (chemioterapia antineoplastica). E CVC (catetere venoso centrale) è un tubicino lungo e sottile che permette l'infusione dei farmaci cosiddetti antitumorali, capaci cioè di distruggere le cellule del tumore che proliferano attivamente. Va detto ancora che spesso si utilizza una chemioterapia combinata basata sull'uso di più antitumorali, un cocktail di farmaci: se il primo fallisce, può agire il secondo. Esistono poi ancora alcune combinazioni di chemioterapici e di farmaci biologici, che sono quei farmaci di più nuova concezione, orientati a colpire un bersaglio preciso, non a "sparare" indistintamente nel gruppo col rischio di distruggere anche alcune cellule sane che si autoriproducono. Mi sono spiegata abbastanza? Scrivo le cose che più ricordo tra quelle che ho provato per esperienza diretta, letto o sentito dire. So che sono cose che normalmente spaventano, ma tutto questo, non so perché, io lo affronto anche con relativa serenità. Tanto che riesco a ricordare benissimo anche le date.

Il 16 marzo, Michel, tecnico radiologo e persona meravigliosa, mi ha messo il CVC, il cateterino per iniettare la chemioterapia, e ho fatto la mia prima chemioterapia il 19 marzo. Il giorno della festa del papà, ma quel giorno, mio padre non c'era. Era dovuto andare con mia mamma nel Veneto a trovare i suoi parenti. Venne quel giorno a trovarmi il nostro Parroco. Don Quinto è stato e sarà sempre un mio grande confidente. E grazie a Dio, mio marito è sempre stato al mio fianco, a tutte le chemio, anche alla terribile rossa. Chi ci è passato lo sa bene. Quella che ti fa vomitare e ti fa perdere i capelli.

Già, permettetemi ancora questa considerazione. Rivolta a chi avesse l'ardire di chiedermi: ma come fai a preoccuparti meno della chemio in sé che non dei suoi effetti collaterali? Io non ho mai pensato lontanamente alla chemio come ad un possibile veleno. È bene togliersi subito dalla testa questa paura, altrimenti non vai da nessuna parte. E se c'è bisogno di associarla per forza, pensa alla chemio come ad un medicina amara.

E mettiti bene in testa che la possibilità offerta dai chemioterapici di bloccare il tumore è un vantaggio assoluto rispetto agli effetti indesiderati che la terapia può causare. Non stare a mettere mai sulla bilancia i pro e i contro; la chemio è da fare per sopravvivere. Al prezzo di effetti collaterali accettabili. E chiudiamo qui la parentesi obbligatoriamente aperta.

Certo la perdita dei capelli per noi donne è più complicato che per gli uomini. È questione veramente importante, altrimenti non ne parlerei più. E più ancora a preoccupare sono le ciglia e le sopracciglia che rispetto ai capelli quando fai la chemio cadono dopo. È così. A me ciglia e sopracciglia si sono solo diradate un poco all'inizio, ma poi quando sono sparite pressoché del tutto è stato come una vera tragedia. Un trauma è stato sentirmi dire: "adesso capisco davvero che sei malata. Lo si vede da quando hai perso anche le ciglia e le sopracciglia!". Come se volesse anche dirmi: "quanto sei diventata brutta e impresentabile!" Detto se non da un amico, certo da un conoscente che mi vedeva spesso. Ai suoi occhi poteva anche starci che perdessi i capelli; senza ciglia né sopracciglia no. Era la prova definitiva che io ero gravemente ammalata!

Ammettete o no che queste frasi, ti fanno andare un po' in crisi? Dovevo dirlo per convincervi di quanto per alcuni è invece un'ovvietà: anche in quei momenti così drammatici in cui al dolore e alla paura per la malattia si mescola il timore per l'ignoto che t'aspetta, aiuta di sicuro sentirsi a posto con noi stesse Non provare dispiacere per sé e non spiacere agli altri aiuta a stare meglio; ti permette di continuare a vivere la quotidianità più serenamente. Anzi, diamo un segno positivo a tutta la faccenda e non parliamo più di donne brutte per la malattia. Non è meglio sentirsi belle anche in quei momenti? Capite quel che voglio dire? Fortunatamente c'è chi ci può aiutare. Ma prima vorrei riservare ancora una battuta almeno a quei maschi che ancora non capiscono l'importanza per noi donne di essere belle. E dire che basterebbe che guardassero dalle loro parti. In casa loro. Lasciamo stare gli attori o i boys toy. Nessuno è ancora riuscito a contare i soldi spesi per arricchire i parrucchieri come ha fatto Hollande, o i truccatori come sta facendo Macron. Pur di non dispiacere in pubblico, i due vanitosi!

LE PARRUCCHE PER NOI DONNE IN CASO DI ALOPECIA

Fortunatamente anche in Valle c'è chi ci può aiutare. Aiutare noi donne malate di cancro al seno. Perché, se si vuole, c'è sempre una soluzione! Anche all'alopecia da trattamenti antitumorali. L'associazione VIOLA, di cui nel frattempo sono diventata fiduciaria (cioè volontaria), mette a disposizione delle parrucche per le donne che hanno subìto gli effetti collaterali delle chemio con la perdita dei capelli. E sono molto belle, credetemi! Per cui la mia scelta è caduta su una di colore rosso, sì proprio rosso....E Emilio, vi chiederete voi, che ti ha detto? Non ha mai esplicitamente disapprovato la mia scelta.

Pur senza esserne proprio convinto si è limitato a dire: "Sei un po' strana così rossa, quasi da donnina allegra!"

E come è finita la serata? A turno, marito e figli ci hanno fatto un giro per la casa. Con la mia parrucca, cioè.

Durante il mio percorso di chemio, ho incontrato persone molto importanti, che tuttora sento vicine. Teresa Cascarano, mia grande amica e ora anche Vice Presidente di VIOLA. Luciana, un'altra infermiera sempre con il sorriso e disponibilissima. Con me e con tutti. E la mia cara Ester che nel suo percorso ha perso suo marito Gianni e suo papà Pierino, sempre di cancro. Dopo il nostro incontro, la nostra amicizia è cresciuta sempre di più.

Teresa Cascarano
Infermiera Day Hospital Oncologia Usl VdA

Ho conosciuto Barbara nel 2009 in occasione del suo percorso di cura dopo la diagnosi di tumore al seno. Sono un'infermiera che opera nel reparto di Oncologia, ed in particolare nel suo Day-Hospital, dove i pazienti si recano per dei ricoveri diurni prima di essere sottoposti a dei cicli di chemioterapia. Ricordo molto bene le prime volte che Barbara è arrivata in ospedale per sottoporsi ai suoi cicli, è nata sin da subito una particolare complicità e fiducia, il suo sorriso contagioso metteva di buon umore i suoi "compagni di viaggio". Ho nella mente parecchi episodi episodi simpatici che sono successi durante il suo difficile ma indispensabile cammino terapeutico, ma sinceramente quello più nitido si riferisce al giorno che l'ho vista arrivare, sedersi su una delle nostre poltrone colorate dicendomi che era scesa da Planaval in elicottero perchè la strada era interrotta da una frana. La determinazione è la forza che ha trasmesso sono state enormi; questa donnina con la parrucca e lo sguardo smarrito non poteva e non voleva rinunciare alle sue cure per nulla al mondo!Nel 2016 il destino le ha riproposto il conto, si è ripresentata la malattia, ma la forza e la determinazione che la contraddistinguono sono sempre la sua prima arma.

ALTRI EFFETTI COLLATERALI

Ho avuto due tossicità di chemio; cadevo, spesso per non aver visto l'ultimo scalino o un marciapiede basso. Una circostanza forse allora un po' sottovalutata. Comunque mai giudicata tale da destare allarmi. Si pensava solo che soffrissi di un po' di esaurimento e nessuno l'ha presa in considerazione. Sei mesi lunghi di chemio, poi, la rossa, come la chiamano, quella che ti fa vomitare. È l'epirubicina che si presenta appunto come liquido rosso. Un chemioterapico che si è dimostrato capace di indurre risposte utili in un ampio spettro di tumori tra cui il carcinoma della mammella. Dopo quella fai persino fatica a bere un Crodino rosso!

IL "BUS DELLA MORTE" SI FERMA AD IVREA. SALIAMO E DIVENTIAMO TUTTE AMICHE.

Faccio poi la radioterapia all'Ospedale di Ivrea. All'epoca bisognava andare fuori Valle e si prendeva, tutti insieme noi valdostani malati di tumori, il pulmino. Un pulmino che le persone una volta salite, chiamavano il bus della morte. Tornavi a casa e avevi solo una voglia smisurata di conforto. Menomale che a Planaval dove abito si è tutti molto uniti; capisci in quei momenti il valore della solidarietà e della vicinanza. Anche le mie amiche hanno fatto la loro parte e anche di più. Hanno fatto a gara per accompagnarmi al pulmino. Un particolare: era il mese di agosto e a mezzogiorno faceva un caldo tremendo. Ero la più giovane e ho finito per fare amicizia con tutti gli altri malati che salivano con me fino a Ivrea sul bus della morte.

Dott.ssa Nadia Rondi
Radioterapista ospedale San Giovanni "Molinette" Città della salute, Torino

La Radioterapia. Cerco di spiegare con parole semplici e comprensibili cos'è la Radioterapia; molte infatti sono le domande, i dubbi e i timori di chi si prepara d'affrontare questo tipo di terapia. Si tratta di una terapia che utilizza le radiazioni, prodotte da macchinari chiamati acceleratori lineari, per la cura di tumori maligni, il cui scopo è quello di distruggere le cellule malate, concentrando le radiazioni sulla zona da colpire ed evitando il più possibile i tessuti sani che la circondano. Le radiazioni trasportano energia e la depositano nel corpo, nel punto dove si trova la malattia; tale energia è in grado di danneggiare le cellule neoplastiche attraverso vari meccanismi, di cui il più rilevante è il danno al patrimonio genetico (DNA) della cellula malata. La Radioterapia può in generale avere i seguenti obiettivi: intento radicale (spesso associata a chemioterapia, sequenziale o concomitante); intento pre-operatorio (per ridurre le dimensioni del tumore prima di un intervento chirurgico); intento palliativo sintomatico (per il controllo di alcuni sintomi, ad esempio il dolore, dovuto alla presenza di metastasi ossee). Il numero di sedute da eseguirsi è deciso dal medico oncologo-radioterapista. Normalmente il trattamento prevede una seduta al giorno per cinque giorni alla settimana, con una pausa nel week-end. La singola seduta di radioterapia dura pochi minuti, durante la quale nessuno può rimanere nella sala di trattamento (bunker) a causa della presenza delle radiazioni, ma attraverso telecamere ed interfono, è garantita un'adeguata comunicazione. In casi particolari la dose è erogata in una singola seduta o in un numero ridotto di frazioni (in relazione a criteri di natura esclusivamente medica). Per preparare il trattamento è quasi sempre necessario eseguire un esame TC che non ha uno scopo diagnostico (cioè non vengono poi consegnati referti o o radiografie), bensì ha lo scopo di localizzare la malattia da colpire con le radiazioni. In questa occasione se previsti si utilizzano appositi sistemi per aiutare

il/la paziente a mantenersi immobile durante la seduta di radioterapia e per poter rendere più riproducibile, ad ogni seduta il suo riposizionamento e per gli stessi motivi vengono eseguiti dei piccoli tatuaggi puntiformi (indelebili, ma molto piccoli). Quando si irradia la mammella la pelle irradiata può andare incontro a eritema (arrossamento con prurito) per prevenire o alleviare il quale, vi verranno consigliate creme; epidermiolisi (perdita degli strati supeficiali della pelle, con sensazione di bruciore ed eventuale secrezione di liquido sieroso (il medico vi consiglierà accorgimenti e terapie adeguate); iperpigmentazione (la pelle si scurisce come se fosse abbronzata) tale effetto del trattamento tenderà a scomparire ma saranno richiesti alcuni mesi perché ciò accada; depilazione (caduta dei peli) limitata solo alla zona irradiata; fibrosi sottocutanea: i tessuti sottocutanei possono divenire nel tempo più duri, soprattutto se esistono cicatrici chirurgiche, di solito vengono valutate caso per caso eventuali necessità di interventi fisiatrici o fisioterapici; edema (ristagno di liquidi nei tessuti: l'irritazione locale generata dall'irradiazione può comportare l'accumulo di liquidi, con conseguente gonfiore dei tessuti irradiati.
La mammella irradiata può infiammarsi (mastite) con senso di tensione e dolore non intenso, la cute può presentare i disturbi sopra segnalati. Questi disturbi possono essere più intensi ed accentuati nelle pazienti che sono già state sottoposte a chemioterapia. Particolari situazioni in cui l'irradiazione interessi maggiormente il cuore ed il polmone vengono di solito presentate dal vostro medico radioterapista. Al termine della radioterapia la mammella potrebbe presentarsi più dura e con la cute un po' più scura rispetto a quella non irradiata; tutto ciò tende a risolversi progressivamente col tempo.

E ora un po' di risposte alle domande più frequenti riguardanti l'irradiazione della mammella.

È un trattamento doloroso? *La radioterapia esterna non è di per sé dolorosa: possono tuttavia durante il trattamento verificarsi situazioni di fastidio, malessere, dolore come effetti collaterali, come già spiegato.*

Divento radioattiva? *La radioterapia esterna non fa diventare radioattivi, quindi si possono mantenere i normali contatti con tutte le persone (bambini e donne in gravidanza compresi).*

Posso venire da sola a fare la radioterapia ? Posso guidare l'automobile? *Comportatevi come vi sentite, non ci sono particolari controindicazioni.*

Perdo i capelli? *No. Spesso i capelli sono già caduti a causa della chemioterapia, la radioterapia a livello della mammella non fa cadere i capelli che stanno finalmente cominciando a ricrescere.*

Mi sento stanca, dipende dalla radioterapia? *Questo disturbo (astenia) è molto soggettivo, stanchezza e debolezza sono sensazioni più accentuale se la radioterapia segue o e associata alla chemioterapia. Il consiglio è di cercare di riposare di più cercando però di mantenere l'attività lavorativa, le normali abitudini, gli interessi, la propria vita sociale e tutto ciò che può aiutare a migliore l'umore.*

Posso prendere il sole? *È consigliabile non esporre la cute irradiata al sole diretto durante il trattamento ed almeno per un anno dal termine. È buona norma utilizzare sempre le apposite creme protettive.*

L'ultimo giorno di radio mi si è gonfiato il braccio. Prima avverto un improvviso indolenzimento nel braccio del lato operato, poi scopro il gonfiore assieme alla difficoltà di movimento. È un altro effetto collaterale del trattamento del tumore seno. Ci voleva anche questa, mi dico prima di consultare il medico. È un edema, è la sua risposta, una delle complicazioni possibili nelle donne operate al seno per un tumore e che hanno anche subìto l'asportazione dei linfonodi ascellari con lo svuotamento del cavo ascellare. L'ingrossamento del braccio è dovuto al ristagno della linfa e nel mio caso interessa gradualmente tutto l'arto, mano compresa.

Da quel giorno iniziano le visite per l'eliminazione manuale dei liquidi in eccesso con la tecnica del linfodrenaggio fatta da Bianca Fornaresio. È una tecnica di massaggio per favorire il riassorbimento della linfa e farla defluire. Il linfodrenaggio aiuta ma non basta da solo. Non sto ad annoiarvi con un tutto il resto.

Mi limito alle calze al braccio e al guanto alla mano e le faccio sempre colorate in base al colore dei capelli della mia cara fisioterapista un pò pazzarella: Bianca. Calze e guanti compressivi per aiutare ad eliminare il gonfiore. Quindi aderenti, purchè non stretti da compromettere la circolazione delle dita. Lo dico anche questo per esperienza diretta.

Bianca Fornaresio
Fisioterapista Usl VdA

Ho conosciuto Barbara "grazie" al suo braccio nel 2009. Si è rivolta al servizio in cui lavoro per curare il linfedema che affliggeva il suo braccio.

Il trattamento consiste in sedute di linfodrenaggio manuale e bendaggio dell'arto.

A differenza del massaggio, che è un trattamento piacevole, il bendaggio è abbastanza voluminoso e limitante nei movimenti, ma Barbara ha subito capito la sua importanza e l'ha sempre tollerato bene.

Si è instaurato subito un rapporto di fiducia e, soprattutto, di collaborazione reciproca, che mi ha portata addirittura ad insegnare a Barbara come realizzarsi il bendaggio in autonomia. Io credo che ogni paziente debba imparare ad ascoltarsi e diventare autonoma il più possibile nella gestione del suo "problema".

È ovvio che il bendaggio fatto dal terapista sia più efficacie di quello realizzato dal paziente stesso, ma la possibilità di non dipendere forzatamente dagli altri può essere un traguardo importante in un percorso di cura già tanto faticoso.

Solitamente quando l'edema raggiunge una certa stabilità il fisiatra prescrive alle pazienti un "guanto" contenitivo per mantenere i risultati. Ed è qui che subentra l'impor-

tanza del saper gestire il proprio braccio. Ci sono svariati motivi per cui può verificarsi un importante aumento di volume: sapendo come bendarsi il braccio per recuperare, le pazienti possono affrontare con più tranquillità questa evenienza.

Mentre in passato questi guanti erano esteticamente terrificanti, ora vengono confezionati dei più svariati ed allegri colori!!

Io e Barbara ci siamo divertite a scegliere sempre colori diversi e appariscenti per le sue contenzioni. La frase che dicevamo sempre era: "e se si deve vedere, che si veda!". In quest'ultimo difficile anno e mezzo, io Barbara non l'ho mai vista in consultorio!

Ebbene non ha più bisogno di me, mi ha sostituita con due bastoncini, un paio di scarpe da trekking e le nostre meravigliose montagne!

Il suo braccio e la sua mano non sono mai stati così sgonfi! Io non ho più nulla da offrirle, se non il mio affetto, l'amicizia e la profonda stima ed ammirazione per come ha saputo essere sempre positiva e guerriera, in tutte le avversità che ha dovuto affrontare e che sta affrontando tuttora.

Continua così Watanka!

IL BOB A DUE. IO E MIA ZIA ALBERTINA.

Faccio in quel periodo anche il percorso con VIOLA per essere fiduciaria. Faccio tutti i corsi con mia zia Albertina. Ci muoviamo sempre insieme noi due; sembriamo, ci dicono, come quelli sul bob (o su uno slittino da neve) a due posti. In effetti mi sono attaccata ancora di più a lei; mi sono avvicinata a lei tantissimo. Anche perché quando attraversi una stessa esperienza e hai le stesse cose (noi due, il tumore), forse, ti senti capìta di più.

Inizio con il tamoxifen, la pastiglia ormonale dei 5 anni, associata ad iniezione per farmi andare in menopausa.

Scritto così quasi sembra che io non ne voglia parlare più di tanto. No, è presto detto; il tamoxifene è un farmaco che viene prescritto a donne non ancora in menopausa, dopo l'intervento chirurgico, la radio o la chemioterapia per ridurre la probabilità che la malattia si ripresenti o compaia nell'altro seno.

Con un'avvertenza che ben ricordo e che ho seguito scrupolosamente: perché abbia efficacia, il tamoxifene deve essere assunto quotidianamente per circa cinque anni: se interrotto, l'effetto benefico rischia di essere vanificato.

Dott. Osvaldo Bruna
Ginecologo ospedale Beauregard

Le cellule cancerose del tumore al seno hanno sulla superficie, come le cellule normali, dei recettori per gli estrogeni (ormoni femminili prodotti nelle ovaie) e quando questi ormoni si legano al proprio recettore stimolano la proliferazione cellulare. Ciò significa che gli ormoni sessuali femminili stimolano la crescita tumorale ed è quindi necessario prescrivere una cura che agisca a questo livello. Dall'esame istologico effettuato sul materiale prelevato nel corso di una biopsia o dell'intervento chirurgico e si può stabilire se il tumore è ormonosensibile e in tal caso si definisce come "estrogeno positivo".

La scelta del tipo di trattamento da adottare nei singoli casi, dopo la chirurgia, oltre che dal grado di avanzamento della malattia, dipende dal fatto che la donna sia già entrata o meno in menopausa.

Nelle donne dopo la menopausa le ovaie non producono più ormoni. Gli estrogeni circolanti sono prodotti soprattutto nel tessuto adiposo. Per questa ragione si utilizzano preferibilmente gli inibitori delle aromatasi (anastrazolo, exemestano, letrozolo) che bloccano nei tessuti periferici l'azione dell'enzima aromatasi indispensabile per la sintesi degli estrogeni a partire dagli ormoni sessuali maschili, i quali vengono prodotti dalla corteccia surrenale anche nelle donne.

Nelle donne prima della menopausa la maggior parte degli ormoni sessuali femminili circolanti è liberata nel sangue dalle ovaie, e si preferisce inibire l'effetto degli estrogeni sul tumore.

Il farmaco di prima scelta è il tamoxifene, un antitumorale che si assume per via orale, appartenente alla famiglia dei recettori degli estrogeni. Questi farmaci legandosi ai recettori degli estrogeni nei tessuti periferici, come una chiave difettosa nella propria serratura, bloccano i recettori stessi impedendo il legame con l'ormone femminile che continua a circolare. Ciò non solo impedisce la proliferazione delle cellule tumorali ma genera anche degli effetti collaterali come nausea, innalzamento della pressione arteriosa, vampate di calore, sudorazioni notturne e disturbi del sonno, irritazioni e perdite vaginali, crampi agli arti inferiori ed aumentato rischio trombotico; disturbi simili a quelli che possono insorgere nella menopausa naturale ma spesso più intensi. Ogni persona reagisce diversamente ed alcune possono manifestare più effetti collaterali di altre. In generale questi disturbi sono controllabili e spesso migliorano dopo un po' di tempo, quando il corpo si abitua all'assunzione del farmaco.

Questo blocco dei recettori non è per tutti i tessuti bersaglio, infatti il tamoxifene spesso agisce sull'endometrio come un estrogeno con un effetto stimolante la crescita cellulare generando iperplasia endometriale, polipi endometriali, ed, in una piccola percentuale di casi, adenocarcinoma dell'endometrio. Per questa ragione le donne che assumono questa terapia devono sottoporsi a controlli ecografici periodici. Quando si riscontrano iperplasie o polipi con particolari caratteristiche e soprattutto in presenza di sanguinamenti uterini anomali si deve eseguire una biopsia endometriale per escludere una neoplasia. Questa procedura diagnostica si può eseguire ambulatorialmente con un aspirato endometriale (VABRA) che però ha dei limiti di affidabilità per la limitatezza dei campioni di tessuto, per ciò si preferisce eseguire un esame di cavità uterina (raschiamento) che permette un prelievo di endometrio (mucosa della cavità uterina) più completo.

I rischi che comporta la terapia con tamoxifene sono comunque molto inferiori rispetto ai benefici che assicura ed è dimostrato che l'effetto protettivo di questa cura si protrae a lungo.

Piuttosto, non crediate che ingurgitare tanti farmaci sia come prendere confetti. Uno dopo l'altro senza mai provare alcuna voglia di smettere. Io tante volte avrei voluto lasciar perdere. Ne parleremo tra un po'.

Prima ho necessità riprendere un mio ragionamento. Ricordate quando parlavo di una pulsione di vita e di un desiderio quasi ossessivo di guarigione? Aver provato quella voglia mi ha permesso di scuotermi con uno scatto salutare di iniziativa. Ripeto: vivere per guarire.

Ma la voglia può anche scemare o ridursi al peggiorare delle tue condizioni. Si affaccia ormai spesso una domanda: fino a quando ce la farò? La guarigione non sembra più dietro l'angolo.

PRIMI LUTTI.

In quel periodo è mancato mio cugino Marco. Improvvisamente. Figlio unico, giovane, un anno meno di me, morto di infarto. La vita, è vero, è tutta un'incognita. E talvolta è davvero crudele. Io ero molto legata a Marco e dal giorno della sua morte ho cercato di stare vicino ai miei zii davvero tanto addolorati. Anzi, tanto persi. Mi auguro di aver potuto fare qualche cosa per loro perché loro hanno fatto tanto per me. Tutti i giorni pur nel loro dolore per la perdita improvvisa del figlio mi hanno almeno chiamata al telefono. Con maggiore insistenza del solito in quel periodo per non lasciarmi sola. Ci sono stati appunto momenti in cui volevo lasciar perdere tutto; mollare le cure e buttare le medicine. Loro invece con tanta pazienza tutti i giorni mi parlavano, aiutandomi con molta pazienza e amore. Sono le parole di conforto dei parenti e degli amici a contribuire (allora come oggi) a rasserenarmi. Dopo quelle parole di vicinanza è come se dentro di me sentissi una sensazione particolare, difficile da descrivere, che mi spinge chiaramente a proseguire. Malgrado i ripetuti imprevisti. Uno dopo l'altro.

Il tamoxifene, la pastiglia dei 5 anni, l'ormonoterapia che mi era stata tanto raccomandata, oltre al dolore alle ossa

mi dà un po' di disturbi. Ma non mollo. Vado comunque avanti. Siamo ormai a dicembre del 2010; sono già iniziati i problemini. Così preferisco chiamarli. Ho fatto una cistoscopia. Anzi più d'una in un percorso diagnostico finalizzato ad accertare od escludere la presenza di infiammazioni (le cosiddette cistiti), calcoli alla vescica o tumori nelle vie urinarie. Ho fatto anche una biopsia. Mia zia Albertina è sempre al mio fianco, insieme a mio marito. Vicino a me un bravo urologo, il dottor Paolo Marcangeli. Un medico speciale, diventato nel tempo un caro amico.

Dott. Carlo Poti
Direttore Medicina Nucleare Usl VdA

LA PET: UN'ARMA EFFICACE NELLA LOTTA CONTRO I TUMORI.

La Medicina Nucleare è la branca della medicina che si basa sull'utilizzo a scopo diagnostico e terapeutico dei "radiofarmaci", cioè sostanze rese radioattive, "marcate" con radionuclidi. Dopo la somministrazione, generalmente per via endovenosa, si studia la loro distribuzione all'interno del corpo umano, lungo le specifiche "vie metaboliche", da cui il termine di "imaging e terapia molecolare".

Sono passati ormai più di 40 anni dalla prima immagine ottenuta con la PET, la tecnica di medicina nucleare che utilizza le particelle di antimateria "specchio" degli elettroni: i positroni.

La PET (acronimo inglese di Tomografia da Emissione di Positroni) è dunque una tecnica diagnostica di medicina nucleare che consente di studiare i processi fisiologici attraverso la somministrazione, per via endovenosa, di diverse sostanze, spesso normalmente presenti nell'organismo, come il glucosio, "marcate" con molecole radioattive che "emettono" positroni. Il tomografo PET, la sofisticata apparecchiatura utilizzata per ottenere le immagini della PET, rileva la distribuzione dei positroni emessi da questi radiofarmaci. Le cellule tumorali, dividendosi di continuo, hanno un metabolismo molto attivo e bruciano molti zuccheri: perciò, poiché i tumori sono avidi di glucosio, attraverso la PET con lo zucchero radioattivo si studia con precisione il loro comportamento, per avere le informazioni utili a combatterli.

La PET con il glucosio radioattivo (il desossi-glucosio marcato con il Fluoro 18, cioé il 18F-FDG) è molto utile per confermare una diagnosi di tumore, per verificare la presenza di metastasi, oppure per stabilire l'efficacia di una terapia oncologica. Per esempio, l'assenza di accumulo di glucosio radiomarcato, in una sede in cui era stato identificato in precedenza, può indicare che il trattamento in corso è efficace. A differenza di altre tecniche, che come la Tac (ma sarebbe meglio chiamarla TC) e la Risonanza Magnetica, permettono di identificare alterazioni anatomiche, la PET consente

LO STAFF DI MEDICINA NUCLEARE ACCANTO AL MACCHINARIO PET

invece di individuare la modifiche che avvengono a livello metabolico, che spesso precedono le alterazioni morfologiche. Per farlo utilizza questi "radiofarmaci", molecole usate come marcatori o "traccianti", assorbiti diversamente dai tessuti in base alla loro "attività" o "affinità" metabolica. La PET può essere, quindi, considerata una radiografia molto sofisticata che, invece dei raggi X delle normali radiografie, sfrutta le caratteristiche dei positroni dei radiofarmaci. I positroni hanno una vita molto breve: appena incontrano la loro controparte, il loro "specchio", cioè gli elettroni, entrambi scompaiono, come sempre accade quando le particelle di materia incontrano le particelle di antimateria. La loro massa si trasforma in energia, sotto forma di fotoni g ed è proprio questa energia che viene "fotografata" dalla PET, permettendo così di scoprire con precisione millimetrica i tumori, le cui cellule hanno "mangiato" più zucchero radioattivo (l'ormai "famoso" 18F-FDG). Il computer "ricostruisce" le immagini tridimensionali delle aree dell'organismo nelle quali è più intensa l'emissione di positroni, "fondendo" (coregistrando) tali immagini con una TC, localizzandone così, con estrema precisione, la sede. La PET perciò, offre informazioni cliniche uniche, di determinante impatto nella pratica medica (ad esempio può essere in grado di modificare le scelte terapeutiche in oncologia) e con enormi potenzialità per la comprensione di alcune malattie e dei meccanismi di azione di determinati farmaci. La PET non è un esame di screening, ma deve essere utilizzata come strumento di approfondimento per rispondere a precisi quesiti clinici posti dal medico curante. La PET non è un'indagine pericolosa poiché la quantità di radioattività impiegata è bassa, la minima necessaria per eseguire l'esame. Le sostanze impiegate, inoltre, non sono dannose e, in genere, non provocano effetti collaterali, né allergie. È necessario il digiuno dalla sera precedente, specie nel caso della PET con il 18F-FDG, che è uno zucchero. L'esame si esegue dopo circa un'ora dalla somministrazione endovenosa del radiofarmaco: il paziente vieve accompagnato nella sala della diagnostica e fatto distendere sul lettino del tomografo PET, in posizione supina e immobile, per circa 20 minuti. Le immagini vengono poi minuziosamente studiate dal Medico Nucleare che "guarda" all'interno del corpo ogni "fetta" dell'organismo. Al termine dell'esame si può tornare tranquillamente alle proprie abitudini di vita quotidiana, con la sola attenzione di evitare contatti stretti e prolungati, per almeno quattro ore, con bambini o donne in gravidanza. Questa precauzione è necessaria perché la radioattività richiede qualche ora per esaurirsi ed essere eliminata.

DAL GIUGNO 2011, UN PERIODO ORRIBILE.

Adesso ho una serie quasi interminabile di guai da raccontare. Da dove comincio?

Il 14 giugno sono costretta a fare un raschiamento dovuto al tamoxifene. Anche questo era da mettere in conto. Questo farmaco porta problemi di ispessimento e polipi all'utero. Mi ricordo ancora quanto si fosse raccomandato con me il dottor Gianmauro Numico allora primario dell'Oncologia dell'Ospedale di Aosta. Nel prescrivermi il tamoxifene era stato categorico: "Non legga assolutamente il bugiardino". Volete sapere qual è stata la prima cosa invece che ho fatto uscendo dall'ospedale? Ho subito aperto il foglietto di istruzioni del medicinale, moltiplicando al massimo lo smarrimento e la paura. E procurandomi un terribile mal di testa che avrei potuto evitarmi.

Nel frattempo è morto Gino, cugino di Emilio e vicino di casa, otto mesi dopo anche Daniela. Una perdita immensa. Mi manca tanto, non c'è giorno che io non pensi a lei. Ho un magone dentro di me grosso così. Continuo a guidare l'auto anche dopo l'intervento, la chemio, la radio, ecc. Però mi rendo conto che la mia vista è ormai compromessa. Trovo difficoltà soprattutto in alcune circostanze. Se incrocio un'altra auto istintivamente mi butto sulla destra e mi arresto di colpo. Ho una perdita di profondità visiva, non ho più le distanze giuste e ho un campo visivo ridotto. E perciò mi prende il panico. Talvolta faccio fatica a ripartire pur dopo aver controllato di non aver nessun intralcio. Né davanti né dietro. Né a sinistra né a destra. Ma questo non è guidare. Camminando inciampo e spesso finisco lunga per terra. Ormai non conto più le piccole ripetute cadute. Come quando non vedevo gli ultimi scalini. Stavolta però la cosa si fa più grave. Cadendo ho rotto i legamenti della caviglia e mio marito ha dovuto portarmi al pronto soccorso. Hanno dovuto ingessarmi sino al ginocchio. È in quel periodo che viene a mancare anche mia zia Albertina. Muore di tumore. È dura, molto dura per me. Non ci sono parole per descrivere ciò che provo. Mi ricordo il giorno del suo funerale; io sono sulla sedia a rotelle dopo l'incidente. In realtà ricordo solo che stavo malissimo. Senza di lei la strada che resta da affrontare mi sembra ancora più dura e impervia.

Ce la farò? Tornata a casa inizio a perdere sangue. Ho dei dolori al basso ventre. Sarà per un tumore anche là? Chiamo Osvaldo il mio ginecologo. Purtroppo non c'è; anche lui ha avuto dei problemi di salute. Per farla breve mi farò operare a Torino: ho trovato un ginecologo oncologo, il dottor Marco Camanni, che mi visita d'urgenza. Dopo una Pet si decide di farmi una isterectomia. Un intervento chirurgico finalizzato a rimuovere l'utero e ovaie in una donna.

È il 20 gennaio 2012. Anche stavolta mi crolla il mondo addosso. Sono finita... chi sono io a questo punto? Come spiegare al mio compagno la mancanza di stimolo sessuale? Come affrontare il problema? Come parlare della chemio che ti brucia le parti intime? Che ti fa venire le piaghe, non solo in bocca. E, grazie Emilio, per la tua sensibilità... tu che non mi chiedi nulla che io non possa darti.

Un altro grazie, tornata in Valle dopo l'intervento, lo devo al dottor Guido Giardini, neurologo. Al centro cefalee di Aosta mi segue assiduamente per le mie frequenti emicranie. Mi fa fare una visita oculistica e, una volta accompagnata in ambulatorio, mi fanno fare un campo visivo. Ci rendiamo conto che non ci vedo più lateralmente. Perciò mi consigliano vivamente di non guidare l'auto. Da allora il dottor Giardini continua costantemente a seguirmi. Fa piacere incontrare medici di sorprendente gentilezza e tanta disponibilità. Sempre presenti e sempre con il sorriso. Ti capiscono al volo quando sei giù di morale e sanno il perché. Ormai penserete di me: "poverina la Barbara, anche senza patente! Le succedono proprio tutte!" È vero, abitare a Planaval in montagna e trovarsi senza patente non è facile ma devo dire che sto apprezzando i mezzi pubblici. Amo il pullman. Con il mio carattere riesco a trovare positività anche nelle situazioni più negative. Il pullman mi consente di ammirare il paesaggio che mi passa davanti e che prima guidando non riuscivo nemmeno a vedere. Purtroppo i continui tagli alla spesa pubblica in tempi di crisi come questi hanno ridotto le corse dei mezzi pubblici. Questo sì che è un problema per me che abito in montagna e che non posso più guidare. Devo accontentarmi delle corse rimaste e adattarmi. Ma non è facile. Arrivata a Villeneuve devo pure cambiare pullman per salire o scendere da Planaval. Aspettare 15 minuti per la coincidenza, dover aspettare quando fa tanto freddo, soprattutto quando non si sta bene, è un po' disagevole. O no? Ho finito per rassegnarmi. E che vuoi fare altrimenti? Certo sarei almeno ingenerosa se, sempre a proposito dei trasporti regionali, non ricordassi qui che nel 2009 sono stata portata a fare la chemio addirittura in elicottero. Ho ancora bene in mente la circostanza. Il 28 aprile di quell'anno a seguito del maltempo la Protezione civile regionale sconsigliava qualunque tipo di spostamenti per chi si trovasse a Valgrisenche e a Planaval (che lo ricordo è frazione del comune di Arvier), interamente isolate a causa della chiusura della strada regionale, la numero 25. Era stato inviato, già nei giorni precedenti, un medico a disposizione della popolazione per ogni necessità ed emergenza. Ma io non avevo bisogno del medico. Pur di non interrompere il ciclo iniziato di chemioterapia avevo quindi aggirato la chiusura facendomi un tratto di strada a piedi. Lo vennero a sapere ad Aosta e il capo della Protezione civile in persona si mise in contatto con me: "Lei signora da domani se ne sta a casa, verremo noi a prenderla in elicottero e la porteremo noi ad Aosta. Avanti e indietro fino a quando la strada rimarrà chiusa." Mi inorgoglisce ancora la modalità di quella comunicazione: "Non per farle un favore, signora. La portiamo in elicottero perché è un suo diritto. Lei non può e non deve assolutamente saltare nemmeno una delle chemio che deve fare. È un nostro dovere garantirle questo servizio." All'inizio del 2014 ricominciano i problemini. Di nuovo dolori in pancia e purtroppo devo fare di nuovo un intervento. Per le aderenze stavolta. Il dottor Camanni che mi aveva operato a Torino non ha dubbi: oltre a poter causare dolore cronico, le aderenze sono una delle cause principali delle ostruzioni intestinali. Stavolta faccio l'intervento a Milano, sempre con il Dottor Camanni perchè si era liberato un posto, il 5 marzo 2014. Al ritorno nuova visita per l'invalidità. Prima mi era stata data in forma solenne.

"È un suo diritto, con quel che lei sta passando", mi avevano detto. Poi mi è stata tolta. Senza preavviso. Devo dire che ci sono stata molto male. Anche per il modo con cui mi è stato comunicato che non ne avevo più diritto. Posso capire che non ci sono più fondi per tutti, che ci sono tante domande e che ci sono stati forse anche da noi dei falsi invalidi. Di qui la stretta. Però ancora non capisco. Mi chiedo soltanto: "e chi ne ha veramente bisogno?"

Dott.ssa Gabriella Furfaro
Dirigente Disabilità e Invalidità civile
Dipartimento Sanità, Salute e Politiche Sociali R.A.V.A.

Indalidità civile e patologie oncologiche

La Regione autonoma Valle d'Aosta assiste i malati oncologici anche attraverso il riconoscimento dell'invalidità civile, a prescindere da qualunque requisito assicurativo o contributivo essi abbiano.
Secondo le tabelle ministeriali di valutazione (D. M. Sanità 5/2/1992), tre sono le percentuali di invalidità civile per patologia oncologica:

- *per neoplasie a prognosi favorevole con modesta compromissione funzionale l'11%*

- *per neoplasie a prognosi favorevole con grave compromissione funzionale il 70%*
- *per neoplasie a prognosi infausta o probabilmente sfavorevole nonostante asportazione chirurgica il 100%.*

Per essere collocati in una di queste tre categorie e ottenere le conseguenti agevolazioni sarà necessario, una volta appresa la diagnosi, fare domanda di riconoscimento dello stato di invalidità e/o di handicap presentandola all'Ufficio Invalidità civile dell'Assessorato Sanità, salute e politiche sociali.

Se oltre a richiedere il riconoscimento dell'invalidità civile (L.118/1971 e l.r.11/1999, deliberazione della Giunta regionale n. 1754/2015), si vuole usufruire anche dei benefici previsti dalla legge sull'handicap (L. 104/1992), è consigliabile indicarlo nella stessa domanda.

Con la Legge 80/2006 (art. 6) lo Stato ha disposto un iter di accertamento accelerato a carico della Commissione medica in caso di malattia oncologica. La visita di accertamento dovrà infatti essere effettuata entro 15 giorni dalla data della domanda e gli esiti dell'accertamento dovranno essere immediatamente produttivi dei benefici che da essi conseguono.

Se a causa della malattia si hanno problemi di deambulazione o non si è più autonomi nello svolgimento delle normali attività della vita quotidiana (alimentazione, igiene personale, vestizione), si può richiedere il riconoscimento dell'indennità di accompagnamento (Legge 18/1980 e Legge 508/1988; Decreto Legge 509/1988).

A casa trovo un omaggio da parte dei miei ragazzi. Mi regalano un tablet e me ne spiegano il funzionamento (devo dire con tanta pazienza), visto che non ero tecnologica.

Inizio ad entrare nel mondo di internet. Mi metto subito dei paletti. Non mi metterò a vagare qua e là senza meta, non navigherò per farmi diagnosi da me medesima. Internet non sostituirà mai il medico. Punto.

Piuttosto mi affaccio al mondo e riprendo a dialogare con chi è nelle mie stesse condizioni, visto che non riuscivo più ad andare da VIOLA ad Aosta dalla morte di mia zia Albertina e di Daniela.

Cerco gruppi tumori, cancro al seno, mi iscrivo a…quelli che dopo un tumore sono ancora qua e ne vogliono parlare. Faccio amicizia con diverse persone. Consuelo Jaramillo ed Emanuela Furlan, due ragazze speciali. Man mano parlo con più persone. Il saggio e amico Elio Speranza, la Presidente e fondatrice del gruppo Cristina Tombini, Gabriele Vallera, che ha avuto pure lui un cancro e che ancora oggi, tutti i giorni, mi dà il buongiorno e la buona notte. Dedica la sua vita a far sorridere la gente.

Incontro di persona tanti del gruppo a Torino. Succede quando tutto il gruppo si dà appuntamento a Superga. È il primo raduno a cui decido di partecipare. Bellissima esperienza. E adesso segno in grassetto una data.

OTTOBRE 2014 FINITO IL FOLLOW UP ONCOLOGICO. SONO PASSATI 5 ANNI.

Sono guarita? Lo posso dire anche se una oncologa, un giorno, mi aveva dichiarato esplicitamente che il tumore al seno si cura, ma non si guarisce mai?

Chi ci è passato sa che ci addentriamo in un argomento che ha sollevato (e continua a sollevare) vivaci discussioni. Dopo un intervento chirurgico in una paziente con carcinoma mammario come il mio, nei cinque anni successivi vengono attuati controlli periodici di minore o maggiore intensità (a seconda degli indirizzi medici: potrei definire minimalisti i primi e massimalisti i secondi) rivolti alla precoce rilevazione di (sempre) possibili recidive del cancro non solo locali, alla mammella, ma anche in sedi distanti nel resto del corpo. I minimalisti sottolineano a loro dire l'inutilità di un accanimento diagnostico alla ricerca di metastasi quando non si sappia neppure dove poterle cercare.

Queste almeno erano le mie conoscenze a cinque anni dall'intervento quando chiudo con i controlli sistematici e periodici, altrimenti detti di follow-up. Soddisfatta quindi che fossero comunque passati cinque anni dall'intervento, ritenevo ciononostante che fosse buona norma mettere le mani avanti per il futuro.

Stavolta sono io ad organizzare il raduno del mio gruppo. Li porterò tutti a Planaval anche per far conoscere loro la nostra bella Valle. Dedico il raduno a mia zia Albertina.

È un successo e io ne esco gratificata. Come se dopo cinque anni avessi ripreso a lavorare con buoni risultati.

Sto abbastanza bene, pur senza poter dire di godere di buona salute. Mi è scappata la battuta, ma ci sta. Continuo con linfodrenaggio, bendaggio, antibiotici…imparo anche a bendarmi da sola. Sono diventata bravissima in questo, grazie a Bianca Fornaresio, la mia fisioterapista di Villeneuve. Giusto il tempo di sentirmi tornata alla normalità che vengo travolta.

PROPRIO SUL PIÙ BELLO, UN INCUBO.

Proprio sul più bello. Anche i capelli mi erano ricresciuti e con loro pure ciglia e sopracciglia. Cominciavo a sentirmi una donna pressoché guarita.

Nel 2015 mi viene diagnosticata la fibromialgia, malattia invisibile (nel senso che non si vede, non lascia segni sulla pelle né causa ferite che gli altri possono vedere), ma dolorosa, difficile da spiegare perché per supplire al dolore sembra quasi che il fisico ti induca in una profonda sonnolenza. Insomma, vorresti fare, ma il fisico non risponde. Stanca, apatica, sofferente alle gambe, alle ginocchia, alla zona lombare, ai muscoli, ero ridotta piuttosto male.

Ma a tormentarmi non erano solo i sintomi della fibromialgia; era tutto il mio corpo ad inviare segnali di allarme che probabilmente percepivo solo io e che abbiamo scoperto dopo un incidente avuto in macchina.

Il colpo subìto alla spalla, visto dai medici al pronto soccorso non spiegava però ne il dolore continuo e, nel protrarsi del tempo, ne la difficoltà dei movimenti e dell'uso del braccio anche nelle cose più elementari.

Lascio l'Ospedale con una sola prescrizione: tenere fermo il braccio al collo. Troppo poco per star meglio.

Dopo altre visite mi viene raccomandato di fare infiltrazioni di acido ialuronico. E questo è stato un errore!
Il dolore ancora persiste, perciò il medico di base Dott. Florindo Di Matteo a quel punto mi dice che sono depressa. Cosa devo fare? Non devo fissarmi mi dice qualcuno.

Dott. Florindo Di Matteo
Medico di famiglia

Barbara ragazza solare, altruista, piena di entusiasmo nel 2009 subisce una di quelle batoste che lasciano il segno: diagnosi K seno. Dopo l'intervento, chemio e terapie varie, un periodo di sconforto, peraltro piu che naturale.

Varie visite specialistiche con diagnosi di sindrome depressiva ansiosa trattata con vari psicofarmaci con scarso o nullo beneficio. Scarsi con trattamenti psicologici.

Passati i fatidici 5 anni di terapia, Barbara comunque non si sentiva tranquilla e desiderava fare controlli ravvicinati che io per motivi burocratici non sempre riuscivo a prescriverle (vedi pet di esclusiva prescrizione specialistica). Io mi sentivo nello stesso tempo frustato ed impotente. Nel frattempo lei era sempre preoccupata per un'eventuale recidiva della malattia che purtroppo si e presentata.

Questa volta Barbara ha deciso di reagire con la propria forza di volontà ed anche con il supporto psicologico.

É così riuscita a metabolizzare ed elaborare interiormente la nuova situazione creandosi nuovi interessi.

Non è stato necessario alcun intervento farmacologico se non la chemio. Oggi fa lunghe passeggiate che la gratificano molto. Direi che Barbara sta affrontanto la nuova situazione con grande serenita e gioia di vivere. Spero che continui su questo percorso e che possa essere di aiuto ad altre donne con il suo diario.

Fare altri accertamenti è chiedere troppo? Forse i tagli alla sanità non lo permettono agli ex malati dichiarati guariti dopo 5 anni dall'intervento per il cancro?

Decidiamo a questo punto di fare ulteriori esami a pagamento col risultato di procurarmi solo un' infiammazione anche della spalla.

Sto male e per un altro mese chiedo insistentemente cosa può essere. Attorno a me tanti restano incapaci di capire, prima ancora che di darmi una mano. Subisco ancora un altro martellamento di prediche e raccomandazioni a lasciar perdere. A non pensarci più. Vogliono tranquillizzarmi, dico tra me e me, tanto per dire qualcosa. Con diagnosi di maniera. Ma io sto proprio male.

Sapeste quanto è brutto sentirti dire che quel che provi è niente. Incontro anche medici che mi rispondono usando virtualmente il setaccio. Lo scuotono e ti dicono: "questo non è, non è neanche quello; quindi sarà solo esaurimento nervoso"! Ecco, il luogo comune ribadito e la formula magica trovata che ti manda in bestia. Perchè tu sei perfettamente convinta che la depressione stavolta c'entra un bel niente. Brutta storia sentirti sola con la tua malattia e non sapere cos'é. Gli altri sembrano per qualche motivo solo interessati ad ignorarla. A minimizzare. Fanno fatica a mettere a fuoco ciò che hai e se parlano, a te sembra quasi che blaterino. Sì, vedo nelle loro risposte fuffa, melassa e uniformità di giudizio. Preoccupati solo a mandare in frantumi le tue ansie che bellamente definiscono giri di testa.

No, fortunatamente non tutti in verità si comporteranno così, ma prima voglio ancora dire che in quelle condizioni avverti di essere su una china pericolosa anche per il tuo equilibrio. Al punto che se ti dicessero che sei grave, che stai per morire, prenderesti quel pronostico come liberatorio. Almeno so che cos'ho. Qualunque cosa pur di uscire dalle nebbie dell'incertezza. Una cappa che ti pesa fino a schiacciarti.

Le energie ti vengono meno. Alla fine proprio l'esaurimento nervoso te lo danno gli altri. Non credendoti se solo dici che stai male.

BRUTTA, BRUTTISSIMA STORIA. DAL 30 APRILE AL 30 SETTEMBRE 2016, CINQUE MESI D'INFERNO.

In più di una occasione mi sono anche sentita dire: "ma che vuoi?". Era un invito gentile a non *rompere*. Più volte al pronto soccorso sono stati pressoché brutali nel confermarmi che non c'era recidività della malattia. Ormai facevo la spola quasi ogni giorno. Andavo dal medico al mattino e tornavo a casa da sera. Sola.

Alla fine mi sono presa una pausa ma non mi sono rassegnata. Dopo qualche giorno torna il dolore. Lancinante come non mai. Prendo il pullman e decido di rivolgermi ancora una volta al Pronto soccorso.

Durante il viaggio da Planaval ad Aosta riassumo tra me e me la situazione. Ormai, sono tutti un po' stufi di sentirmi dire che ho male e mi rendo conto che lamentarsi non serve. Ma il dolore c'è; sarà davvero solo un dolore psico-somatico? Che io sia veramente depressa? Ormai mi sentivo appoggiata solo più dalla mia confidente ed amica Teresa e dal mio figlio più piccolo che sulla ricostruzione degli eventi da parte della mamma avrebbe messo la mano sul fuoco.

Gli altri, chi più chi meno, mi davano l'impressione di avere almeno qualche dubbio. Certo nessuno dei parenti e degli amici me lo diceva esplicitamente. Al Pronto soccorso riesco forse ad intenerire una dottoressa che decide di farmi fare una ecografia d'urgenza. Purtroppo però è un giorno festivo, il giorno del patrono di Aosta e cosi mi fissano un appuntamento dopo 2 giorni. Finalmente faccio l'eco, chiedo subito il responso e per tutta risposta mi dicono che dovrò aspettare 20 giorni. Per un'ecografia? No, non ci credo, ma non mi allarmo.

Non passa un minuto e vengono invece a dirmi che devo fare un ago aspirato d'urgenza. Ed io che faccio? Felicissima, se potessi salterei dalla gioia. Sono matta, ho le traveggole di nuovo? No, sono come sollevata. So finalmente di aver avuto ragione a lamentarmi. A dire che c'era qualcosa che non andava. Anche se ero solo io a sentire il campanello d'allarme. Con la richiesta in mano, mi precipito in oncologia da Teresa. Anche lei conferma la presenza di noduli al collo. Si vedono ad occhio nudo.

A questo punto mi raggiunge il primario, il dott. Barmasse mio salvatore, che seduta stante mi comunica la sua decisione: "ti faccio io l'ago aspirato". Poi la trafila ormai nota. Il ricovero con biopsia e poi la PET.

IL SECONDO ROUND. TORNA IL CANCRO CHE TUTTI CREDEVANO SCONFITTO.

Arriva il risultato della biopsia: sono metastasi al collo e alla ghiandola surrenale. Allora, dopo 5 anni, sono guarita o no? La domanda suonerà a voi provocatoria dopo gli ultimi avvenimenti. A me no. Io me la faccio la domanda con un altro scopo. Non penso più di (poter) guarire; voglio però vivere. E pur nella malattia (che ormai so che non riuscirò più a sconfiggere) voglio una vita normale.

Dott. Paolo Pierini
Urologo e amministratore I.R.V.

Non conosco ancora personalmente Barbara, ma tante, tanti Barbara ho incontrato nella mia vita professionale di medico. Molto diversi tra loro, con diversi approcci e diverse reazioni alla malattia, ai trattamenti, alle loro conseguenze, diversi nelle relazioni con l'ambiente sanitario, con quello familiare e sociale. Tante di queste persone, pur nella loro eterogeneità, in comune avevano una forza, un'energia, una voglia di vivere tali da far riflettere sulla vita, su come viverla: un Insegnamento coinvolgente, che sovente viene trascurato nella vita quotidiana, ma che resta in te e riaffiora nei momenti importanti.

Barbara sconfigge la sua malattia con le terapie, ma anche con un diverso approccio alla vita, con la mente, con la volontà, con il coraggio, con la tenacia, con l'amore.

Lo stile di vita è molto importante per il benessere psico-fisico. L'ambiente, l'alimentazione, il movimento, ma anche la serenità, le emozioni positive giocano un ruolo indiscutibile nel combattere la malattia, ma anche e soprattutto nel prevenirne l'insorgenza.

Prevenzione e diagnosi precoce riducono in maniera significativa rispettivamente la probabilità di ammalarsi e la mortalità. La Sanità tutta, pubblica e privata, deve unirsi nello sforzo di promuovere la salute e di dotarsi delle tecnologie le più avanzate a livello diagnostico e terapeutico.

L' obiettivo dello screening, laddove validato, è quello di permettere una diagnosi precoce, in uno stadio in cui il tumore è aggredibile e guaribile con trattamenti idonei.

Nel caso specifico dello screening mammario, importanza rilevante ha la mammografia che, se eseguita con regolarità, risulta essere lo strumento più efficace per una diagnosi precoce e permette una riduzione della mortalità del 25% rispetto alle donne che non si sottopongono a periodici controlli. L'accuratezza dell'esame è essenziale e nuove tecnologie che permettono di evidenziare micronoduli normalmente non visibili con i normali mammografi, soprattutto nei seni densi, rendono ancora più precoce la diagnosi e riducono ulteriormente il tasso di mortalità.

La tecnologia attualmente più avanzata è il mammografo digitale diretto con tomosintesi, disponibile in Valle d'Aosta presso l'I.R.V.

È considerato tecnologia di eccellenza e si differenzia dal vecchio mammografo oltre che per una significativa riduzione della dose di radiazione alla paziente a parità di esame, per una alta definizione con miglior risoluzione e nitidezza delle immagini.

L'associazione della tomosintesi consente inoltre un'acquisizione 3D multistrato delle immagini con il rilievo di tumori in fase precocissima, che si traduce in significativamente maggiori possibilità di guarigione e conseguente minor mortalità.

NUOVA SENTENZA.
DA DONNA OPERATA DI CANCRO SONO DIVENTATA METASTATICA.

Ecco, dopo il risultato della biopsia e mentre aspetto di fare la visita oncologica, tutto cambia attorno a me.

Ora, per quanto possa sembrare strano, tutti mi chiedono del mio dolore. Anche gli stessi che mi dicevano di non preoccuparmi; che era solo depressione. Riesco a sorriderne; non è così facile capire questo cambiamento improvviso delle persone. Me ne faccio una ragione.

E da donna operata di cancro, sono diventata metastatica. Difficile da accettare e pure da capire, anche perché di cancro si parla, ma di metastatiche no. Se ne parla veramente poco. Ma non mi posso accontentare di denunciare questo strano silenzio.

COMUNICARE LA (NUOVA) MALATTIA.

Alla mia prima visita oncologica – ovviamente la prima del mio secondo round – ho conosciuto la dottoressa Olga Elisabetta Cursio. Giovane, è così brava a spiegarsi che mi sono affidata completamente a lei. E in seguito, alla dottoressa Alessandra Malossi, che già conoscevo.

CHE COS'È IL TUMORE AL SENO METASTATICO

Mettiamo un po' d'ordine, partendo dal tumore al seno. Dovuto alla moltiplicazione incontrollata di cellule della ghiandola mammaria che si trasformano in cellule maligne, se evolve nello stadio 4 (o stadio avanzato) il cancro forma delle metastasi in varie sedi dell'organismo.

Significa che i tumori, dalla sede primaria, cioè il seno, si sono diffusi in altre parti del corpo anche molto distanti attraverso le vie linfatiche e i vasi sanguigni. Gli organi più colpiti sono le ossa, i polmoni, il fegato e il cervello. Nel mio caso, dopo la biopsia, PET e TAC confermano iperaccumuli in sede linfonodi e surrenale dx.

Dott.ssa Elisabetta Olga Cursio
Oncologa Usl VdA

Dott.ssa Alessandra Malossi
Oncologa Usl VdA

La Breast Unit: un modello di assistenza multidisciplinare dedicato alla donna affetta da tumore al seno

La Breast Unit, o centro senologico, è nata in Valle d'Aosta alcuni anni fa in ottemperanza ad una risoluzione del Par-

lamento Europeo, sulla base delle evidenze scientifiche di una maggiore efficacia degli interventi assistenziali in centri specializzati e dedicati.

E un'unità multidisclipinare volta alla presa in carico della donna affetta da tumore al seno nel suo percorso di cura. Il trattamento del carcinoma della mammella in strutture dedicate con elevata qualità professionale e con un approccio multidisciplinare è correlato con una migliore sopravvivenza e una migliore qualità di vita.

La Breast Unit può essere intesa come una unità funzionale in cui opera un team coordinato e multidisciplinare costituito da professionisti sanitari esperti quali il chirurgo senologo, il radiologo, l'oncologo medico, il radioterapista, il medico nucleare, l'anatomo patologo, il fisiatra, lo psiconcologo, il palliativista. L'obiettivo comune è quello di condividere la strategia terapeutico-assistenziale delle pazienti in maniera tale da assicurare percorsi di cura standardizzati.

Il team adotta un PDTA (percorso diagnostico terapeutico assistenziale): un "manuale" che contiene le linee guida riguardanti la diagnosi, la cura, la riabilitazione, il supporto psicologico, scritto e condiviso da tutti gli operatori sulla base della più recente letteratura scientifica.

La Breast Unit opera attraverso delle riunioni settimanali durante le quali viene condivisa la documentazione di tutte le pazienti con nuova diagnosi o recidiva di malattia, e viene pianificato il successivo percorso di esami e di trattamento, valutando anche la necessità di supporto psicologico e riabilitativo.

In definitiva i centri senologici sono pensati per dare centralità alla donna malata di tumore al seno e per accompagnarla nel suo percorso di cura dal momento della diagnosi, nel corso delle terapie e anche nella fase di cronicizzazione della malattia, sollevandola dalle difficoltà di doversi orientare autonomamente nella complessa programmazione di visite ed esami in una fase così delicata della propria vita.

ECCO COSA MI SONO TATUATA QUANDO HO INIZIATO QUESTO LIBRO

L'AMICO ALBERT

Ricordo di aver conosciuto Barbara quando ricoprivo la carica di Assessore regionale alla sanità, salute e politiche sociali, tra il 2009 e il 2010; avevo davanti a me una donna profondamente provata dalla malattia che, sapendo della mia professione medica, mi spiegava nel dettaglio la diagnosi del cancro, i ricoveri ospedalieri, l'intervento chirurgico, la chemioterapia, la conclusione dell'iter terapeutico, con i benefici ma anche gli esiti invalidanti (linfedema del braccio destro, l'ansia). Ma nonostante il racconto di questo piccolo calvario vedevo nei suoi occhi una voglia di vivere, di sconfiggere il tumore, di reagire, di sfruttare tutte le possibilità che la legge offre per poter ritornare ad essere protagonista della propria vita. Dopo qualche anno, ci siamo rivisti in occasione di una bella festa a casa sua, a Planaval, circondata dalla sua bella famiglia e da tanti amici: è stata una giornata splendida sotto tutti i punti di vista, nella quale ho potuto anche constatare il desiderio di Barbara di condividere la sua esperienza per metterla al servizio dei più bisognosi. Un anno fa circa lei mi informa della ripresa della malattia... una botta anche dal punto di vista psicologico; ma la mia sorpresa più grande è stata la determinazione, la combattività con la quale Barbara sta affrontando questa nuova sfida: la scoperta della camminata (secondo me può partecipare al Tor des Géants!), la voglia di sconfiggere definitivamente il suo cancro e il desiderio di aiutare le altre persone in difficoltà l'hanno trasformata in una vera leonessa! Ma il valore aggiunto di Barbara è la sua meravigliosa famiglia, il marito Emilio, sua colonna sempre presente e sempre disponibile ad assecondarla in tutto e i suoi due splendidi ragazzi Fabien e Olivier, che rappresentano la vera energia per combattere e vincere ancora questa battaglia.

Forza Barbara!

Metto insieme le poche cose essenziali che è bene sapere nella mia condizione di malata di tumore al seno metastatico. Non c'è modo di guarirne definitamente; ci sono però terapie collaudate ed efficaci ed altre di nuova concezione per cercare di prolungare il più a lungo possibile la mia vita. Seguirò questa strada; una nutrita pattuglia di farmaci e terapie mi aiuteranno a cronicizzare la malattia nel tempo. Recentemente la sopravvivenza a cinque anni, per le donne come me colpite da cancro alla mammella metastatico e curate in questo modo, è passata dal 5% a più di cinque volte tanto: un risultato che fa ben sperare.

Il 24 ottobre, metto il catetere port. È sotto pelle, e nel mio caso di malattia cronica, è indispensabile. Per poter fare i prelievi e per iniettare nuovamente la chemio. Per chi obiettasse che adesso sto andando di corsa senza ben sapere il perché, aggiungo solo un particolare. Quel che in questi mesi ho saputo.

Il catetere venoso centrale di tipo port è un dispositivo medico che consente di somministrare i farmaci in modo rapido direttamente nel sistema venoso, riducendo quindi i possibili danni alle vene periferiche. Perchè anche a quelle bisognerà badare.

Le mie oncologhe mandano me ed Emilio a fare il percorso psicologico con la Dottoressa Carrara. Molto utile! I miei figli no; ci hanno rinunciato.

Voglio approfittare di questo spazio per ringraziare Professori e Presidi delle scuole I.T.P.R. e I.A.R.: sono stati sempre vicini ai miei figli.

NON SOLO BELLE STORIE.
BALLE E FAKE NEWS SU INTERNET

Su internet comincio ad informarmi su ciò che significa la parola metastatica. Lo so bene che non è da fare, ma la curiosità è più forte di me. Leggo che per questa malattia non c'è guarigione, questo lo so. Ho scarse aspettative di vita, anche questo lo so già. Qualche mese, un anno, qualche anno? Sono colpita da una previsione basata sulle statistiche: la sopravvivenza delle pazienti con tumore al seno metastatico può arrivare fino a 5 anni di vita. Vuol dire che 5 anni è il traguardo massimo; altrimenti quanto tempo ancora mi è dato? E da quando è cominciato il countdown ? Il conto alla rovescia fino alla mia morte.

Accostare la mia situazione di donna metastatica condannata, al romanzo e al film "Il miglio verde" però non mi sgomenta. Provo a sovrapporre le due situazioni una all'altra: la mia e quella del romanzo scritto da Stephen King e poi portata sul grande schermo con due straordinari protagonisti Tom Hanks e Michael Clarke Duncan. Nel penitenziario di Cold Mountain, lungo lo stretto corridoio di celle noto come "Il Miglio verde", i detenuti aspettano di morire sulla sedia elettrica lì vicina. Io pure so di aver iniziato l'ultimo tragitto. Cercherò di farlo durare. Il più possibile.

COME SI VIVE CON IL CANCRO AL SENO METASTATICO

"Per noi è come vivere ogni giorno nel braccio della morte, perché sappiamo che siamo purtroppo condannate, ma non desistiamo: vogliamo avere una vita normale e trasmettere un messaggio di speranza per sensibilizzare l'opinione pubblica, le industrie farmaceutiche e i centri di ricerca a investire risorse in modo che il nostro miglio verde... si allunghi sempre di più".

(Domenica Panaccione, Membro della Commissione sul tumore al seno metastatico di Europa Donna Italia. Colpita lei stessa da questa forma di cancro e deceduta il 17 novembre 2017.)

Tutto ciò che leggo su Internet contribuisce a sbattermi in faccia la mia nuova cruda realtà: "lei non può guarire". "Barbara, sei senza speranza", sembrano dirmi tutte quelle righe che prima leggo di corsa, saltando i passaggi che non capisco subito, per poi tornare indietro a rileggere tutto confusamente soffermandomi a caso qua e là. Apro un sito dopo l'altro, mi imbatto anche sui consigli più assurdi, le allarmate segnalazioni sulle chemio così pericolose che nessun medico farebbe su di sé, l'esaltazione delle nuove e vecchie medicine alternative... Balle e fake news.

La testa comincia a girarmi. Sono sdraiata sul letto, la stanza gira, mi sembra di essere sulle giostre... Basta, non devo più leggere! Voglio pensare a me, devo farmi bella adesso che riprendo la chemio!

LA DERMOPIGMENTAZIONE

La dermopigmentazione per i malati oncologici, nel nostro caso per le paziente soggette a chemioterapia e radioterapia, ha una finalità non solo estetica. Ha infatti lo scopo di assicurare il benessere psicofisico delle persone colpite dalla malattia. È una tecnica nata dal tatuaggio, utilizzata per restituire al paziente l'aspetto di un tempo. Per Barbara il disegno delle sopracciglia.

Naturalmente dopo aver chiesto e ottenuto l'autorizzazione del Dott. Barmasse.

Teresa, la mia dolce amica, Vicepresidente di VIOLA, sa benissimo quanto le donne soffrono per tutti questi cambiamenti, e tramite Tiziana, mi fa conoscere l'estetica oncologica e così, per prepararmi alla chemio, mi faccio fare un bellissimo tatuaggio delle sopracciglia. Quanta sicurezza mi ha dato; mi ha aiutato ad affrontare questo percorso in modo totalmente diverso. Mi ritrovo a pensare tra me e me: "Ora, più nessuno potrà dirmi che, senza sopracciglia, ho una faccia da ammalata grave."

In più mia cugina Alessandra Ostinelli decide di regalarmi un paio di occhiali con le lenti più scure, in modo tale che non si veda la perdita delle ciglia. Alessandra assieme a sua figlia Valentina e alla mie care Giuli e Aurora, mi sono state sempre particolarmente vicine come Vanda e Guglielmo e mio cugino Carlo con Paola. Assieme, con tutti loro, abbiamo sempre passato delle giornate bellissime. A proposito sapete che lavoro fa Dinah, la mia amica d'infanzia a Parigi, che ora vive in Guadalupa? Un'amica così grande che ci chiamavano le due inseparabili. Ha un negozio di parrucche e bandana per le donne che perdono i capelli dopo aver fatto la chemio. Poco dopo aver saputo di me, mi manda un bel pacco, con delle bandane stupende e persino con una frangetta finta da mettere sotto. Le provo tutte mentre mio figlio Olivier mi fa un piccolo sevizio fotografico. Ci siamo divertiti in una maniera folle.

DINAH EFFOUDOU

Barbara, une femme de coeur admirable

Ma baby chérie, une amitié de 47, déjà! Une soeur, une confidente intuitive, d'une empathie si puissante qu'elle devine vos émotions les plus profondes. Un amour inconditinnel et indéfectible nous li edepuis note enfance. On nous appelait les inseparables, et nous le sommes toujours, malgré les 8000 kilomètres qui nous séparent.

J'ai toujours admire sa profonde gentillesse, son dévouement pour les autres et son enthousiasme contagieux. Elle perçoit les rayons du soleil à travers les orages. C'est avec une grande pudeur qu'elle m'a annoncée son cancer, le

début d'un combat douloureux qu'elle a toujours affronté avec force et di gnité. Et meme ces moments là, le sort des autres lui importait plus que le sien.

Etant prothésiste capillaire spécialisée dans la perruque médicale, je lui ai aussitôt envoyé des turbans, car la perte de cheveux est traumatisante pour une femme et porte souvent atteinte à sa dignité. Là encore, Barbara a pensé aux autres, elle m'a mis en contact avec VIOLA pour que d'autres femmes puissent aussi avoir de jolis turbans.

Son livre, bien plus qu'un témoignage, est un outil précieux pour aider tous ceux qui vivent cette étape douloureuse. Des informations essentielles pour contribuer à la reconstruction psychologique des personnes touches par la maladie. Ma Barbara est femme exemplaire qui force le respect. Je suis si fière d'être son amie, sa soeur de coeur.

FARE QUALCOSA DI NUOVO. CHE COSA PERÒ?

Con tutto questo mi sentivo ciononostante diversa. Era la prima chemio fatta con la paura; evidentemente dentro di me bolliva qualcosa! Dovevo fare qualcosa di nuovo. Ho impiegato del tempo prima di capire cosa dovevo fare.

Prima ho lasciato tutti i gruppi Facebook. Mi sono resa conto di aver bisogno solamente di positività. È che anch'io non ero più in grado di aiutare altre persone e così tanti si sono allontanati da me; altri per contro si sono riavvicinati e devo aggiungere che le vere amicizie sono rimaste intatte. Anche quelle virtuali. Perché qualcuno si è allontanato? Forse perché non è facile parlare con un'ammalata con tutti i suoi problemi. Non so trovare altre spiegazioni. Io sono sempre me stessa e sempre sorridente, perché almeno quello, il sorriso nessuno me lo toglierà mai. La mia Yespi (come la chiamo io, perché il suo vero nome è Alida), da quando ha saputo del mio tumore al seno metastatico ha deciso di venirmi in aiuto per le pulizie di casa. Una volta alla settimana mette casa mia sottosopra. Finché torna perfetta! Anche Daniela, amica speciale di vecchia data è sempre presente. Quando Emilio non può portarmi in macchina, lei c'è. Sempre disponibile. Monica è venuta appositamente da Cecina il giorno della biopsia per essere vicina a me. Mi telefonano spesso o vengono a trovarmi anche Liliana, Antonella, Crislaine, Mariagrazia, Mara, Elide, Ede, Renata, Alberto, Maria e Lorella. Per conoscere ogni passo che faccio, per sapere di ogni visita. Bruno c'è sempre. Ha sempre creduto in me. Liliana è super impegnata, ma è sempre presente. E così pure Mara, Amedeo mio figlioccio, i miei genitori. Mia mamma pur con il Parkinson e sulla sedia a rotelle. Anche papà che dopo l'ictus rischia ogni volta di cadere. Ringrazio mia sorella che si occupa di loro. E che dire dei miei ragazzi? Età difficile, la loro per capire, eppure straordinari con me. E mio marito, brontolone ma sempre presente.

EMILIO GEX

LA PAROLA È SEMPRE QUELLA. SPERANZA.

Sei entrato in casa nostra in silenzio e ancora oggi sei qui, un nuovo inquilino, silenzioso, a volte buono e a volte cattivo.

Dobbiamo tutti convivere con te, ma non sarai mai un eroe. Un eroe è colui che sacrifica la propria vita per la tua, tu no: tu hai il potere di decidere per entrambi nel bene o nel male perchè lo sai benissimo che non puoi scegliere per l'uno o per l'altro, o forse si e tu lo sai bene. Dimenticavo di presentarti, tu sei cancro, ti abbiamo sempre portato rispetto anche perchè la tua vendetta è letale.

Non posso chiamarti 'bastardo' come molti lo fanno, tu fai il tuo lavoro senza poter scegliere la tua vittima, altrimenti non avresti scelto la nostra famiglia. Hai iniziato da cattivo e strada facendo forse hai capito che Barbara non meritava tutto questo, ti sei preso una pausa abbastanza lunga, poi non contento sei ritornato più cattivo di prima e ti sei preso un'altra pausa.

Una battaglia forse impari ma una battaglia leale. Tu ad attaccare e Barbara a difendere. Non so come finirà, forse non finirà ma se tu avessi un pochino di cuore potrebbe finire così, senza vinti nè vincitori. Mi piace pensare che tu e Barbara siete nel braccio della morte, inseparabili, ma quel corridoio è lunghissimo e forse per voi la porta della camera è inarrivabile.

Ecco cosa significa per noi la parola speranza. Chi perde è perduto: se vinci tu non potrai festeggiare, se vince Barbara... onore e rispetto per il perdente. Ma tu non puoi e non vuoi vincere perchè anche tu ci devi rispetto, rispetto reciproco come detto prima. Barbara non ha mai avuto paura anzi nei momenti peggiori è esplosa in tutta la sua rabbia la sua dolcezza e il suo coraggio. Coraggio che ha trasmesso a tanti, ma soprattutto a Fabien e Olivier i suoi figli a cui non ha mai fatto mancare nulla, mamma sorella e amica.

E poi ci sono io il più pauroso della famiglia, marito e papà. Pauroso perchè non riesco ad accettare che qualsiasi persona possa stare male, figuriamoci quando è toccato a Barbara.

Devo farmene una ragione, dobbiamo convivere tutti con questa situazione ma la paura è tanta!

A parte tutto tu cancro lo sai che sei più forte ma accontentarsi di un pareggio o meglio di una sconfitta non è poi così umiliante! Non posso dimenticare Toupie il nostro cagnolino che tutte le mattine per prima cosa dà il buongiorno a Barbara, sicuramente ha capito che c'è qualcosa di strano, di diverso.

Ti voglio, ti vogliamo un bene immenso Barbara, sei la mamma e la moglie che tutti dovrebbero avere, continua così grande guerriera noi ci saremo sempre e tu con noi!

CAMMINATE DONNE CON I BASTONI. NORDIC WALKING SARÀ IL NOSTRO MOTTO!

E dunque penso di dover fare qualcosa con la seconda chemio. Un giorno decido di chiamare la mia cara amica Anna di Valgrisenche. Le chiedo se è disponibile a venire da me una volta finita la mia terapia.

Anna, sempre più che disponibile, accetta volentieri. Mi raggiunge a Planaval e subito io le chiedo di portarmi a camminare. Prendo due bastoni per appoggiarmi e via! Ho cercato di fare una piccola passeggiata.

Pochi metri, ma per me, non più abituata a camminare, era già tanto. Figuriamoci dopo la terapia...

Era tantissimo. Un miracolo. È così che inizia la mia avventura con Anna. Perché da quel giorno, tutti i giorni, siamo andate a camminare. Sempre più in alto e io sempre più felice

Mi veniva voglia di urlare... forse era un gesto liberatorio, non so. Anna lei rideva, mentre io con i miei bastoni mi sentivo sempre più forte.

La cosa strana, è che camminando tipo Nordic walking il mio braccio è iniziato a sgonfiarsi. E non solo. Pure la mano! Provo a non indossare più ne il mio guanto ne il mio bracciale. Il braccio non si gonfia. Anzi, va benissimo. Per me è una nuova vita.

Guardo insistentemente ai due bastoncini che mi danno forza. Una forza supplementare nella mia battaglia con il cancro.

Dott. Guido Giardini
Direttore Neurologia Usl VdA
Esperto in medicina di montagna

Ho conosciuto Barbara come paziente dell'ambulatorio cefalee. A quel tempo aveva un mal di testa cronico con tendenza all'abuso di farmaci antidolorifici e conseguente peggioramento del mal di testa, che era diventato quasi quotidiano.

Come spesso avviene in questi casi si entra in un circolo vizioso, in cui si provano numerose terapie di prevenzione, ma spesso il dolore cronico permane e, purtroppo, conduce anche a disturbi dell'umore. Ci si perde quasi d'animo, non si riesce a tener "testa" al dolore del capo. Ho poi assistito purtroppo alla recidiva della malattia oncologica. Poteva essere un colpo di grazia, ma Barbara è come se avesse trovato la grazia. La grazia e la forza per reagire e per essere più forte del male.

È qui che ha iniziato a camminare in montagna, a usare i suoi "fedeli" bastoni contro il tumore e contro i tarli della mente. È stata grandissima! Un esempio per tutte e per tutti. L'attività fisica, soprattutto in un ambiente bello ed austero come la montagna, porta a vedere il positivo, a sentirsi forti. Stimola le nostre difese, anche in modo organico, *aiuta il sistema immunitario a reagire e la mente ad essere positiva, superiore a tutte le negatività dei pensieri. Il camminare in montagna riporta il fisico e la mente alle proprie origini, come un metronomo dell'anima. E tutta la persona si riorienta nel cosmo e ritrova le forze nel profondo di sé. È questa la teoria alla base della cosiddetta "montagnaterapia", ma Barbara ha superato la teoria ed in modo inconsapevole ha realizzato e provato ciò che noi cerchiamo di spiegare a concetti spesso con difficoltà. È divenuta esempio.*

Auguro a Barbara ancora tanti giorni di cammino e di benessere in montagna con i suoi bastoni, sicuro che il tumore ce l'avrà molto difficile.

Allora non erano ancora stati accertati i vantaggi terapeutici del Nordic walking anche forma di riabilitazione oncologica e io in verità nemmeno ne avevo sentito parlare. Oggi che capisco di aver fatto inconsapevolmente da battistrada faccio mia l'immagine promozionale dei due motori. Con il Nordic walking grazie ai bastoncini tutta la muscolatura della parte superiore del corpo è coinvolta nel movimento. L'importante è imparare a muoversi bene, in modo coordinato. Armonico. A quel punto è come avere appunto due motori: uno che muove le braccia e un altro le gambe. Per me è stato proprio così.

In quei primi giorni di camminate con i bastoncini io ho scoperto però anche di più. Ho intuito di possedere un motore supplementare in me nella mia battaglia contro il cancro. Chiamatelo come volete: entusiasmo, gratificazione (che genera altra forza, accresce la forza di volontà), appagamento, consapevolezza di me medesima. E pure fede, visto che non mi manca. Insomma ho scoperto un processo generativo, un circuito virtuoso. Su cui contare per continuare a vivere una vita piena. In quell'occasione tutto per me ha avuto il sapore della scoperta.

Chi l'avrebbe mai detto che una camminata nata come allenamento estivo per gli atleti di sci di fondo potesse darmi tanta (ulteriore) voglia di vivere!

Possono riprendere i miei ricordi. Vado dalla mia fisiatra, Cristina Casalino subito sorpresa di vedermi con l'anello al dito destro e con il braccio e la mano sgonfi come non mai. Era dal 2009 che io mettevo tutti i giorni il bracciale con il guanto. Da sei anni, ininterrottamente. Dall'ultimo giorno della radioterapia mi si era gonfiato il braccio, avrei detto per sempre.

E invece, eccomi sgonfia! Un miracolo per la fisiatra.

Mi sorride quando le dico che ho cominciato a camminare. È veramente felice: "Lo dirò a tutte le donne che hanno bisogno di far movimento. Camminate donne con i bastoni, Nordic walking sarà il nostro motto e la nostra icona!", mi spiega entusiasta.

Penso allora tra me e me: qui finisce che divento persino famosa. Perché anche la mia amica Nadia Rondi, radioterapista alle Molinette, parla di me e dei benefici della camminata nordica. E pure Teresa! Ben venga la nuova

moda se può aiutare tutte le donne con problemi al braccio. Anzi, non mettiamo limiti. Può aiutare anche i maschi! L'importante è non immaginare che sia più di quel che è. Una camminata naturale alla quale viene aggiunto l'utilizzo funzionale di due bastoncini per apportare tutta una serie di benefici. Coinvolge il maggior numero di muscoli possibile, favorisce un esercizio che è benefico anche a livello cardiocircolatorio, apporta benefici anche mentali. Sempre se fatto bene. Per me comunque almeno in questo caso vale la massima: la semplicità è sempre rivoluzionaria.

IN CIMA ALLA MONTAGNA. PROPRIO DOVE VOLEVO ARRIVARE.

Il Capodanno 2017 decidiamo di passarlo dai nostri amici in Toscana. Avevo bisogno di staccare la spina. Può sentirne la necessità anche una malata alle prese quasi ogni giorno dell'anno con visite, controlli, PET, TAC, chemio e ammennicoli vari. Una trasferta semplicemente per *changer*!

Stiamo con Monica amica mia e con Luca amico di Emilio e Matteo amico dei ragazzi.

Devo dire che quel soggiorno, per me, non è stato bello. Mi sono offesa per una parola di Luca. Mi trattò veramente male, mi ricordo ancora l'episodio.

Sono in cucina in piedi e lui è alle mie spalle. Quando non

trova di meglio che rovesciarmi addosso questo complimento: "ma sei pure gobba!" Cosa avrà voluto dire? Che mi stavo impigrendo, che dovevo darmi una mossa ? Dite quel che volete ma io mi sono sentita trattare proprio male!

E forse anche per questo ce l'ho messa tutta per reagire. Cosicché quando Luca è venuto a Pasqua con la sua famiglia per ricambiare la nostra visita di Capodanno, sono stata io a dirgli subito: "Dai, andiamo a camminare insieme!"

Il primo giorno 6 km in montagna; il secondo abbiamo attraversato un torrente e una valanga prima di rivedere dopo tanto tempo la mia amica Silvana in servizio per la forestale, che avevo perso di vista. Ci stavamo preparando alla salita, e, mi salta all'occhio una persona che cammina lungo il sentiero e che si ferma porgendomi la mano per aiutarmi a districarmi dai rovi. Giunta sul sentiero, noto che quel volto l'avevo già incrociato prima. Ebbene sì, era Silvana, una mia cara amica, che avevo perso di vista per molto tempo.

Parliamo tutti e tre mentre proseguiamo a camminare e alla fine Luca e Silvana mi fanno i complimenti perché arrivo in cima alla montagna. Proprio dove volevo arrivare.

Ora Silvana mi dice che quel giorno le ho dato una lezione di vita.

Per me era tutto normale, mi sentivo davvero bene, ma mi sono concessa un momento di orgoglio per ciò che avevo realizzato, rispondendo semplicemente (a Silvana ma dicendolo anche a Luca): "Grazie".

Da allora lei, nonostante i suoi impegni, trova sempre un giorno da dedicarmi per portarmi a fare una gita su un percorso ogni volta diverso che studia in anticipo.

Arriva, mi saluta, poi zaino, panini…e via!

ECCOCI QUA CON LA MIA AMICA SILVANA SCARPONI, GIACCA, BERRETTO, RACCHETTE E VIA!

Silvana, una persona meravigliosa e altruista è così entrata nuovamente nella mia cerchia di amici. Da quel giorno, ogni mattina mi arriva sempre un messaggio, del buongiorno, e sempre chiede di me. Ogni due settimane più o meno, andiamo sempre a camminare, è tutto lei che organizza, e cerca sempre di farmi visitare posti nuovi e stupendi.

Le racconto che avrei desiderato raggiungere il Lac du Fond un lago meraviglioso, situato dietro casa nostra, protetto e custodito dalle montagne. Silvana si rende disponibile ad accompagnarmi ma mi spiega che è un percorso abbastanza impegnativo, bisogna affrontare una salita estenuante, ma conoscendo la mia caparbietà non mette in dubbio il raggiungimento della meta. E allora via, partono gli allenamenti, ogni settimana adesso, e sempre percorsi più lunghi e difficili.

E finalmente arriva il 18 ottobre, partiamo, e, in due ore e mezza, arriviamo alla meta tanto attesa. Il lago. Arrivati, sono scoppiata in lacrime dalla gioia, dalla felicità, tanto che quasi non ci credevo. E poi l'ho abbracciata, lei, che da quando ci siamo riviste, mi è sempre stata vicina, chiamandomi, chiedendomi notizie e facendomi compagnia sempre. E credetemi se vi dico che questa per me è stata una seconda terapia, che ha agito sul mio morale, spingendolo al massimo. E tutt'oggi, la devo ringraziare, perchè soprattutto grazie a lei, se io le ho dato una lezione di vita, lei mi ha dato l'occasione di avere una seconda vita, con questo ti ringrazio, con il cuore.

Ho saltato anche delle chemio nel mio secondo ciclo solo perché avevo i globuli bianchi troppo bassi.

In questo caso a me (come a chiunque abbia ricevuto diagnosi di leucociti bassi) è stata richiesta un'attenzione particolare: ricordarsi di lavare frequentemente le mani, evitare di entrare a contatto con altri individui ammalati e se è il caso adoperare la mascherina protettiva. Mi muovevo anche in casa con la mascherina, poi uscivo e via a camminare con la mia cagnolina Toupie.

Ecco, questo è stata la maniera trovata per combattere. Credetemi che in questo modo si può anche vincere.

Nel percorso della chemio ho sempre usufruito anche del servizio di agopuntura, praticata della dottoressa Nicoletta Zublena. Possiamo ritenerci molto fortunati in Valle d'Aosta ad avere questo servizio garantito dal Servizio pubblico.

Dott.ssa Nicoletta Zublena
*Medico chirurgo e specialista
in agopuntura Usl VdA*

L'agopuntura si affianca all'oncologia con antico ed umile sapere. È una tecnica millenaria appartenente alla Medicina Tradizionale Cinese (MTC), evolutasi continuamente negli ultimi 5000 anni, attraverso apporti provenienti da culture ed esperienze diverse. Si basa sull'utilizzo di sottili aghi metallici a secco, inseriti in punti specifici scelti dall'Agopuntore secondo i principi della MTC, con diverse profondità ed angolazioni. Tali punti, numerosissimi, si trovano lungo percorsi ben definiti (Meridiani) nei quali fluisce l'energia vitale.

La stimolazione del punto attraverso l'ago, favorisce il ripristino della corretta circolazione energetica, della cui alterazione è espressione la patologia. Gli agopunti sono vere e proprie "centraline" che consentono di attivare e modificare nel corpo alcune proprietà e capacità: biochimiche, metaboliche e funzionali.

La Medicina Occidentale e la MTC, con modalità diverse, si integrano nel perseguimento del comune obiettivo della guarigione e del sostegno al paziente con patologia cronica pur essendo filosoficamente diverse. La prima concentra la sua attività sulla patologia e sui sintomi ad essa correlati. La MTC ha una visione unitaria mente-corpo, e si prende cura della persona nella sua interezza psicofisica, focalizzandosi *sulla radice del problema che ha portato alla malattia.*

Gli effetti comuni riconosciuti all'agopuntura nell'ambito dei suoi impieghi terapeutici sono quello analgesico, vasodilatante, miorilassante e di modulazione sul comparto neuroendocrino ed immunitario.

In ambito oncologico, l'integrazione dell'agopuntura all'interno del percorso di cura tradizionale costituisce un'esperienza consolidata in molti centri italiani, europei ed extraeuropei nonché argomento di crescente interesse e studio. Trova indicazione ed applicazione in qualsiasi fase della malattia e più precocemente si inizia il trattamento, maggiori possono essere i risultati apprezzabili.

I benefici riconosciuti all'agopuntura in oncologia riguardano il trattamento degli effetti collaterali secondari ai trattamenti chemio-radio ed ormonoterapici (nausea/vomito, vampate, xerostomia, leucopenia, neuropatia periferica). Può migliorare il dolore e, più estesamente, modificare positivamente manifestazioni legate alla presenza della malattia e alle cure farmacologiche non strettamente antineoplastiche (astenia/fatigue, inappetenza, disturbi dell'alvo, cefalea).

Allo stesso tempo, proprio per la visione olistica dell'agopuntura, possono essere trattate le reazioni emozionali che accompagnano il vissuto della malattia, come tristezza, ansia, irritabilità, angoscia, disturbi del sonno.

In senso globale, l'agopuntura può migliorare la qualità di vita del paziente oncologico.

Presso l'AUSL Valle d'Aosta (Ospedale Beauregard) è ope-

rativo un ambulatorio dedicato all'agopuntura oncologica, con attività prevista tutti i giorni feriali della settimana, in fasce orarie di attività prestabilite, mattutine e pomeridiane.

L'accesso all'ambulatorio avviene su proposta del Medico Specialista o del Medico "di famiglia" attraverso prescrizione ordinaria indicante il codice di esenzione per patologia.

La frequenza delle sedute così come lo schema di trattamento è individualizzato per ogni singolo paziente. All'inizio di ogni seduta viene proposta una breve intervista per valutare complessivamente il paziente, e formulare di conseguenza il trattamento agopunturale più appropriato.

La durata della seduta è in genere di 30 minuti.

La seduta di agopuntura è, al tempo stesso, un'opportunità professionale ed umana, ove conoscenza e relazione si fondono inscindibilmente, dando forma ad un reciproco scambio ed arricchimento emozionale.

E per evitare di prendere chili in eccesso - venti kg come nel 2009 complici il cortisone e un'alimentazione sbagliata - sono seguita dalla dottoressa Solange Torre specialista in Scienza dell'Alimentazione e Dietologia.

IN VALGRISENCHE CON I MIEI BASTONCINI

Dott. Antonio Ciccarelli
*Responsabile Dietologia
e Nutrizione Clinica Usl VdA*

**"Fa' che il cibo sia la tua medicina
e che la medicina sia il tuo cibo"** scriveva
Ippocrate di Kos circa 2500 anni orsono
(Kos, 460 a.C. circa – Larissa, 377 a.C.).

Negli ultimi anni è sempre più evidente la stretta correlazione che vi è tra una corretta alimentazione, un adeguato stile di vita e l'incidenza della patologia tumorale.

Le persone obese, i pazienti diabetici o insulino-resistenti (condizione di pre-diabete), coloro che privilegiano "junk food" (cibo spazzatura) hanno tutti un maggior rischio di sviluppare una patologia tumorale. Anche l'eccessiva assunzione di carni processate o carni rosse è correlata con un maggior rischio di sviluppare neoplasie.

Una corretta alimentazione, una vita attiva, l'attività fisica frequente e costante (almeno 45 minuti 4 giorni a settimana) è, invece, correlata con un minor rischio tumorale.

Spesso, invece, nei pazienti affetti da neoplasia e sottoposti a radio o chemioterapia ci troviamo di fronte a condizioni di malnutrizione che richiedono un adeguato trattamento medico dietologico-dietistico.

Se focalizziamo la nostra discussione sulle pazienti affette da neoplasia mammaria è, innanzitutto, necessario evitare o ridurre il sovrappeso (Indice di massa corporea tra 26 e 30) e l'obesità (Indice di massa superiore a 30).

Le pazienti sovrappeso o obese, infatti, hanno spesso una condizione di insulino-resistenza o diabete. Ciò le porta ad avere dei più alti livelli di insulina nel sangue. Tale ormone, oltre ad essere importante per il metabolismo degli zuccheri, è un fattore di crescita che sembra molto verosimilmente correlato ad una maggior rischio tumorale.

È quindi necessario in tali pazienti ridurre il peso per ridurre l'insulino-resistenza, ridurre l'eccessivo introito di zuccheri semplici (zucchero, miele, dolciumi, etc.) e limitare l'assunzione di carboidrati complessi, preferendo quelli integrali e poco raffinati (Pasta, patate, riso, cereali, etc.), per evitare i picchi iper-insulinemici post-prandiali.

È necessario, inoltre, ridurre l'assunzione di grassi animali (grassi saturi) contenuti nelle carni, negli insaccati, nel latte e derivati (formaggi). Ciò è importante non solo per ridurre i grassi saturi animali, ma, anche per ridurre la quota proteica assunta che determina una maggiore secrezione di un ormone noto come IGF-1 (Insulin Like Growth Factor 1) verosimilmente correlato ad un maggior rischio di sviluppare neoplasie.

Altri alimenti da assumere con attenzione nelle persone affette da neoplasia mammaria sono quelli che contengono fito-estrogeni o estrogeni. I fito-estrogeni sono estrogeni di origine vegetale. Ad onor del vero gli studi sui fito-estrogeni sono contrastanti. Alcuni studi evidenziano un ruolo protettivo in prevenzione altri, invece, ne evidenziano un ruolo negativo nei pazienti con patologia neoplastica nota. Spesso la neoplasia mammaria è sensibile agli estrogeni e, pertanto, è necessario non dare ulteriore "benzina". A scopo prudenziale attenzione quindi alla soia e ai suoi derivati ricchi in fito-estrogeni.

Anche l'assunzione di alimenti ricchi in poliammine è contrastato.

Le poliammine sono molecole indispensabili per la proliferazione cellulare (comprese quelle tumorali). Per questo motivo, in caso di neoplasie, sebbene non vi siano chiari dati scientifici a supporto, in termini precauzionali si raccomanda di evitare, o comunque ridurre, il consumo di cibi che ne contengono in buona quantità come arance, pompelmi, le solanacee (pomodori, melenzane, peperoni), frutti tropicali e molluschi.

Sicuramente non ci sono problemi, anzi sono alimenti da privilegiare, le verdure, gli ortaggi, la frutta di stagione, il pesce e la frutta secca come noci e mandorle.

È quindi fondamentale, sia in prevenzione che durante la malattia, mangiar bene!

La Struttura di Dietologia e Nutrizione Clinica dell'AUSL Valle d'Aosta ha sempre creduto fortemente nel ruolo fondamentale che riveste la corretta alimentazione nella prevenzione e gestione della patologia tumorale.

Negli ultimi anni, infatti, abbiamo partecipato con entusiasmo al progetto Fucsam. Progetto promosso dalla rete oncologica Piemonte-Valle d'Aosta, in collaborazione qui in Valle d'Aosta con l'associazione V.I.O.L.A. e la struttura di Oncologia, che aveva come obiettivo quello di valutare ed eventualmente modificare lo stile di vita dei pazienti in follow-up dopo trattamento dei tumori del colon-retto e della mammella.

I pazienti affetti da sovrappeso, obesità, sindrome metabolica in follow-up per neoplasia del colon-retto o della mammella sono stati seguiti nei nostri ambulatori sia dal personale medico specialista in dietologia e nutrizione clinica (Dott.ssa Solange Torre e Dott.ssa Monica Paderi) sia dai dietisti formatisi sull'argomento (Dott. Francesco Macrì, Dott.ssa Renata Cane, Dott.ssa Carla Cantino, Dott.ssa Lorella Tonegutti, Dott.ssa Valentina Pecoraro). Durante gli incontri si offrivano indicazioni e prescrizioni dietetico-comportamentali atte ad influenzare e modificare stili di vita errati in modo da agire positivamente sulla prognosi.

Nell'ultimo anno per rafforzare e ottimizzare la nostra collaborazione con la struttura di Oncologia dell'AUSL Valle d'Aosta abbiamo creato un ambulatorio dedicato ai pazienti oncologici.

Un immenso grazie va ai miei collaboratori che hanno garantito e garantiscono ogni giorno, con la loro professionalità e umanità, il buon funzionamento dei servizi che offriamo alla popolazione.

Vi lascio con il decalogo che il fondo mondiale per la ricerca sul cancro (World Cancer Research Fund) ha stilato nel

2007. Decalogo che dovrebbe seguire qualsiasi individuo per la prevenzione e migliore gestione della patologia oncologica e non solo:

Mantenersi snelli per tutta la vita. Mantenere un indice di massa corporea tra 18 e 25.

Mantenersi fisicamente attivi tutti i giorni. *In pratica è sufficiente un impegno fisico pari a una camminata veloce per almeno mezz'ora al giorno; man mano che ci si sentirà più in forma, però, sarà utile prolungare l'esercizio fisico fino ad un'ora o praticare uno sport o un lavoro più impegnativo. L'uso dell'auto per gli spostamenti e il tempo passato a guardare la televisione sono i principali fattori che favoriscono la sedentarietà nelle popolazioni urbane.*

Limitare il consumo di alimenti ad alta densità calorica ed evitare il consumo di bevande zuccherate. *Sono generalmente ad alta densità calorica i cibi industrialmente raffinati, precotti e preconfezionati, che contengono elevate quantità di zucchero e grassi, quali i cibi comunemente serviti nei fast food. Si noti la differenza fra "limitare" ed "evitare". Se occasionalmente si può mangiare un cibo molto grasso o zuccherato, ma mai quotidianamente, l'uso di bevande gassate e zuccherate è invece da evitare, anche perché forniscono abbondanti calorie senza aumentare il senso di sazietà.*

Basare la propria alimentazione prevalentemente su cibi di provenienza vegetale, con cereali non industrialmente raffinati e legumi in ogni pasto e un'ampia varietà di verdure non amidacee e di frutta. *Sommando verdure e frutta sono raccomandate almeno cinque porzioni al giorno (per circa 600g); si noti fra le verdure non devono essere contate le patate.*

Limitare il consumo di carni rosse ed evitare il consumo di carni conservate. *Le carni rosse comprendono le carni ovine, suine e bovine, compreso il vitello. Non sono raccomandate, ma per chi è abituato a mangiarne si raccomanda di non superare i 500 grammi alla settimana. Si noti la differenza fra il termine di «limitare» (per le carni rosse) e di «evitare» (per le carni conservate, comprendenti ogni forma di carni in scatola, salumi, prosciutti, wurstel), per le quali non si può dire che vi sia un limite al di sotto del quale probabilmente non vi sia rischio.*

Limitare il consumo di bevande alcoliche. *Non sono raccomandate, ma per chi ne consuma si raccomanda di limitarsi ad una quantità pari ad un bicchiere di vino (da 120 ml) al giorno per le donne e due per gli uomini, solamente durante i pasti. La quantità di alcol contenuta in un bicchiere di vino è circa pari a quella contenuta in una lattina di birra e in un bicchierino di un distillato o di un liquore.*

Limitare il consumo di sale (non più di 5 g al giorno) e di cibi conservati sotto sale. Evitare cibi contaminati da muffe *(in particolare cereali e legumi). Assicurarsi quindi del buon stato di conservazione dei cereali e dei legumi che* *si acquistano, ed evitare di conservarli in ambienti caldi ed umidi.*

Assicurarsi un apporto sufficiente di tutti i nutrienti essenziali attraverso il cibo. *Di qui l'importanza della varietà. L'assunzione di supplementi alimentari (vitamine o minerali) per la prevenzione del cancro è invece sconsigliata.*

Allattare i bambini al seno per almeno sei mesi.

Nei limiti dei pochi studi disponibili sulla prevenzione delle recidive, le raccomandazioni per la prevenzione alimentare del cancro valgono anche per chi si è già ammalato.

Buon appetito e buona vita a tutti!

È così che è ripreso il mio nuovo viaggio. Nuovo fino ad un certo punto perchè è pur sempre un andirivieni in Ospedale tra i reparti che già conosco ormai da anni. Tra il pronto soccorso, l'oncologico, il day hospital, soprattutto. Come fossi presa in un ingranaggio collaudato. Mi sento infatti dentro una girandola di cose e pure di sentimenti già provati; potrei dire dentro una sorta di frullatore. Dalla chemio al biologico cambiano un po' gli atti terapeutici ma istintivamente sei portata a registrarli come varianti di procedure giù sperimentate. La novità è un'altra. Nel muovermi tra le mura dell'ospedale accanto alle attese, ansie, preoccupazioni e frustrazioni solite, stavolta trovano posto pure emozioni e speranze nuove. Mi ritrovo improvvisamente gioiosa e a bocca aperta, sorpresa non tanto di me stessa ma dei nuovi contatti umani instaurati. Della qualità di questi rapporti umani. Che sarà mai, direte voi. Vi rispondo rileggendovi le mie annotazioni, buttate giù a caldo una volta tornata a casa oggi dall'ospedale. Il diario ormai mi accompagna passo passo: tappa dopo tappa annoto tutto e ogni nuova emozione mi arricchisce la vita. Mi basta rileggere ciò che scrivo e pressoché automaticamente si rinnova la speranza. E indipendentemente dai risultati delle terapie e dai progressi attesi, la mia vita è piena.

Comincio a scrivere le prime note nel viaggio da casa a Planaval all'Ospedale di Aosta.

10 APRILE 2017

Quando la mattina ti svegli per andare al day hospital dell'oncologia, non è come tutti i giorni. Stamattina mi alzo, mi lavo, mi vesto e a digiuno parto. Con le idee chiare, cerco di sorridere sempre, di non trasmettere tristezza a nessuno. Ma dentro di me provo il vuoto.

Arrivo alle 7.45 per il prelievo. Occorre controllare i globuli bianchi, prima di poter fare la chemioterapia.

Oggi, però completate le analisi, vedo un via vai in corridoio. I volontari della Lilt che sono sempre gentilmente a nostra disposizione per offrirci la colazione, stamattina, invece di essere come solitamente nella bella saletta, li vedo con il loro tavolino fuori. Faccio colazione, e incuriosita, chiedo cosa sta succedendo. Proprio questa mattina l'estetica oncologica della Lilt offre a noi pazienti un sevizio personalizzato in camera. Massaggi, pulizia viso, mani e piedi.

Non posso crederci! Sono così fortunata? Sì!

Mi precipito a fare la visita dalla mia oncologa. Manco le chiedo come vanno i miei globuli bianchi; la prima cosa che le dico è che mi sono già prenotata un letto con servizio estetista. L'oncologa scoppia a ridere di cuore.

Devo dire ancora qualcosa di più e anche di più importante. Questa mattina non mi sono neanche resa conto di aver fatto la chemio. Con tutte le coccole che ho ricevuto al servizio estetica, mi sono sentita una vera principessa. Tutte donne molto brave, molto preparate, dolcissime. Ho scoperto in mezzo a loro una ragazza che già conoscevo, Giorgia Zenato. Vederla come volontaria della Lilt mi ha fatto un piacere immenso. Perché lei conosce tutta la mia storia, e quindi, oltre ai vari massaggi e pulizie, ho ricevuto da lei veramente molte coccole. Tanto da fare invidia. A chiunque.

29 NOVEMBRE 2017

Ho fatto l'ultima Pet. Ne conosco già la sentenza. Dovrò ricominciare le cure. Se comprenderà o meno anche la chemio, ancora non lo so. Sarà in ogni caso il mio terzo round.

TENERE DURO, NON MOLLARE MAI

Tornando a casa mi sono fatta alcune domande e mi sono data queste risposte.

D: No, non può essere vita, la tua, cara Barbara. Ogni volta torna il cancro che credevi sconfitto.

R: Non è la prima volta. Torna proprio quando pensavo di essere tornata alla normalità.

D: Che poi la vostra vita possa essere ritenuta normale è tutto da vedere. Un malato di cancro è sempre sul chi vive, condannato ad andare in ospedale ad ogni emergenza perché c'è sempre qualcosa che non va. E in più ad intervalli regolari per fare le visite mediche per assicurarsi che le cellule cancerogene non facciano (altri) brutti scherzi.

R: Sì. È a quel punto che il cancro decide di farsi rivedere.

D: Non hai risposto a una parte della mia domanda. Ma è vita questa?

R: Sì, ho vissuto e continuo a vivere. È vita piena la mia. Non ho voglia di andarmene. Ho tanto ancora da fare. Mi batterò perché (ancora) voglio vivere. Vivere per me, per la mia famiglia, per gli amici e per tutti quelli che sono nelle mie stesse condizioni. Ti assicuro che non rinuncerò mai alla mia voglia di combattere per continuare a vivere.

D: Posso sapere come fai ad essere malgrado tutto ottimista?

R: Nuove cure sono in arrivo anche per il tumore al seno metastatico come il mio. E sta prendendo corpo anche una nuova filosofia: alzare l'asticella della sopravvivenza mantenendo una buona qualità di vita. Finora i trattamenti hanno permesso di allungare anche di molto l'aspettativa di vita delle pazienti, ma si può fare di meglio. Metterò il mio contributo per quanto piccolo per questa causa. Per fare da portavoce delle altre donne che oggi sono in situazione come la mia. E raggiungere l'obiettivo fissato: trovare le cure giuste.

D: Ti batti perché si faccia di più. Anche se tu non facessi in tempo ad usufruire di questi progressi?

R: L'hai detto. È così.

D: Sempre col tuo sorriso?

R: Stai certa non ci rinuncio.

4 DICEMBRE 2017

Visita oncologica. Devo iniziare una terapia biologica, da fare in oncologia. Ormai ne conosco le finalità. Dal momento che la crescita di alcuni tumori, compreso quello al seno metastatico, è stimolata da ormoni come gli estrogeni o gli androgeni, la terapia ormonale (ormonoterapia) è volta a contrastarli, impedendone la produzione o l'azione proliferativa sul tumore. Meno pesante della chemio, la biologica abbassa cmq le difese immunitarie... ma io sono forte!

ANTONELLA SADO

L'OBIETTIVO DI BARBARA: SMUOVERE LE COSCIENZE.

Noi ci siamo, accanto a te!
Tante date mi legano a Barbara;
tre però sono per me le più significative.

GENNAIO 2009

La nascita da poco della mia piccola Nathalie e la neve su Aosta avevano portato una spruzzata di normalità a rinsaldare sicurezze finalmente raggiunte quando, a scompaginare il tutto, Barbara mi comunica che aveva appena saputo, in seguito ad una mammografia, di essere stata aggredita dal cancro. Succedeva proprio a lei, per me la sorella maggiore che ti dà i consigli giusti in ogni occasione, che promuoveva la pratica dell'allattamento al seno (per esperienza diretta, lei che aveva allattato fino ai due anni entrambi i figli) ricordandoti che il rischio del tumore al seno diminuisce per ogni anno di allattamento nelle donne che scelgono di allattare rispetto a quelle che non allattano.

Proprio a lei... come è possibile? Cercando di riprendermi, metto insieme le parole tumore al seno e diagnosi precoce e in modo quasi perentorio le dico: "Il tumore al seno è il primo nemico delle donne, ma anche quello che si riesce a sconfiggere meglio: nel 90% delle volte viene battuto". Ero sicura che lei facesse parte di quella percentuale e che avrebbe dovuto affrontare un periodo duro ma il tempo avrebbe fatto tornare tutto a posto.

FEBBRAIO 2009

Il giorno prima del suo intervento. Non lo so perché, forse per la fretta di correre da lei, quel giorno lasciai i capelli sciolti sulle spalle e ricordo che Barbara continuava a fissarli insistentemente. In quel momento capii perfettamente cosa rappresentassero per lei i miei capelli, avrei voluto nasconderli ma era impossibile e i raggi del sole che filtravano dalla finestra dell'Ospedale Beauregard sembravano quasi metterli più ancora in risalto. Dentro di me continuavo a ripetermi perché non l'avessi fatto.

Che cosa? Ero arrivata a pensare di potermi far tagliare i capelli per farle capire che se potevo farne a meno io, poteva farlo anche lei. Mi sembrava un bel modo per starle vicino al momento di iniziare la terapia e mettere in ginocchio la malattia. Sì per combatterla con decisione, non solo per esorcizzarla.

Alla fine però non lo feci e ancora oggi ho questo rimorso avendo scoperto quanto la caduta dei capelli successiva alla chemio l'avesse fatta tanto soffrire. Ci pensò in compenso il buon Emilio che aveva colto il mio stesso pensiero. Lui decise di rasare i suoi capelli completamente! Barbara è una donna estremamente coraggiosa ed estremamente positiva. Vitale, di grandissima energia.

Se c'è una parola che voglio associare a lei per meglio definirla, direi: caparbietà. La virtù rara di chi sa cosa vuol dire conquistarsi la vita giorno dopo giorno mettendocela tutta.

E la sua è vita piena, senza sosta, continuativamente, malgrado la malattia. Non molla mai. Il fatto è che lei l'energia più grande sa dispiegarla meglio con un sorriso coinvolgente. Anche quando la malattia ritorna, è lei a far coraggio a te.

Con parole che ti raggiungono come un abbraccio; che ti avvolgono tutta, capaci di consolare e di incoraggiare te che non sai più cosa dirle dopo averle comunicato tante volte solo speranza. Avere un'amica così è un regalo speciale; un grande regalo dal Cielo. E quando, in apparenza, la storia di Barbara ti sembra raccontare l'ennesima storia di stoltezza burocratica (perché alcune volte le è successo proprio questo) capisci che lei vorrebbe solo una rivoluzione individuale.

Quella che ciascuno di noi può fare: mettendosi nei panni altrui. L'invito comincerei a rivolgerlo a quei medici che non le credevano quando lei diceva di star male. Per ottenere da loro poi che cosa in fondo? Solidarietà è forse una parola troppo grossa e disponibilità è troppo poco. Rispetto, ecco è quel che chiede Barbara. Rispetto e dignità. E non lo chiede ovviamente solo per sé. Quindi, cosa poter fare per lei e per tutte le altre donne perché possano sentirsi rispettate? L'idea del libro tra noi due subito condivisa (tanto da parlarne subito a mio papà Giacomo) è nata con questa finalità. Far sapere agli altri; mandare un messaggio chiaro a tutti.

Scuotere le coscienze. Facendosi Barbara consapevolmente portavoce di chi è nelle sue stese condizioni: come si sta da malati. L'impegno rilanciato con questo libro è finalizzato anche a battere il silenzio. Il silenzio attorno al tumore al seno metastatico.

5 DICEMBRE 2017

Ultima visita oncologica per Barbara e un'altra botta. Comincia l'ennesima ripresa del suo combattimento con il cancro. Facciamo nostro l'impegno suo con il motto "Noi ci siamo, accanto a te!"

5 FEBBRAIO 2018

Si chiamava Barbara Brugato e ci ha lasciati ieri a 43 anni di età, 8 vissuti con il tumore al seno metastatico (fin dalla prima diagnosi). Era un "mito" per me. Scrivo di lei con le lacrime agli occhi.

Leggo dal blog http://lottare-vivere-sorridere-salute.blogautore.repubblica.it/ che questa sera, a Portogruaro, Barbara sarà ricordata alle 20 nella chiesa di Sant'Agnese. I funerali verranno celebrati domani alle 15 al Duomo di Sant'Andrea. Ma è come se fosse al mio fianco. Continua ad aiutarmi anche adesso che non c'è più.

Mi basta ricordare alcune sue parole, alcune frasi che scelgo tra le tante che ha scritto sul suo blog e sui giornali.

Ricordo soprattutto cosa rispondeva alla domanda che si fanno tutti, cosa voglia davvero dire tumore metastatico. Per tanti la prima cosa che viene loro in mente quando sentono questa parola è: morte! Lei naturalmente lo sapeva e rispondeva così:

"...il punto è proprio questo: non è che non si muoia, ma molte di noi vivono a lungo ed è necessario che le persone lo sappiano, che i politici e i medici lo sappiano, per permetterci di avere una reale buona qualità di vita e non essere trattate come malate terminali."

Ognuna di noi metastatiche sa per esperienza personale che condividere la sofferenza aiuta; lei aggiungeva: "... anche condividere la speranza aiuta…La speranza non è solo l'illusione di poter convivere a lungo con la malattia, cosa peraltro che può accadere; la speranza aiuta ad affrontare la malattia".

E aggiungeva:

"...io non mi sento una paziente con la data di scadenza impressa addosso e non ho nessuna intenzione di aspettare che passino i tempi previsti inerme, con l'ansia dell'ineluttabile in arrivo. Io continuo a vivere e il mio messaggio non può essere diverso."

Oh, quanto aveva ragione! Aggiungeva:

"Questo non vuol dire che creda che solo con la forza di volontà si sconfigga la malattia, magari fosse così, certamente però ci aiuta a combatterla con tutte le nostre forze. Quando il mio medico, nonché amico, mi ha parlato della malattia appena avuta la diagnosi mi ha detto delle parole che ricordo ancora nitide: "Prega e fatti fare tutto quello che ti dicono di fare". Sembra una banalità ma non è così perché dopo anni passati a farsi fare qualsivoglia terapia la tentazione di gettare la spugna potrebbe presentarsi ed è lí che la speranza ci regala una marcia in più."

Ecco perché nel primo commento dopo la notizia della sua morte sul suo blog si può leggere:

"Il cancro lo conosceva bene ma non lo subiva mai, neanche quando la costringeva a stare a letto. Manifestava sempre per la vita e non contro una malattia".

Voglio fare come lei. Con questo mio libro ho messo la mia faccia, ho spiegato le nostre ragioni, ho rivendicato i nostri diritti di malati, ho messo in piazza le nostre speranze. Anche a coloro che dovessero mai chiedersi perché non me ne sto chiusa in casa con la mia malattia ad aspettare la morte inevitabile, non rispondo con le lacrime. E nemmeno rispondo solo col sorriso. Ma con la mia voglia incrollabile di rimanere attaccata alla vita.

BARBARA, LA MIA "FIGLIOCCIA"

In questi vent'anni abbiamo accolto, ascoltato e sostenuto centinaia di donne con tumori diversi, storie diverse e diverse culture, ma con una percezione comune: la visione della vita cambia dopo l'incontro con il cancro. È la consapevolezza del senso di provvisorietà che improvvisamente ti assale, che diventa limite ma anche risorsa, speranza, che ti dà la forza di continuare.

Abbiamo attraversato cambiamenti culturali nell'approccio alla malattia, vissuto ed assistito a progressi ed evoluzioni scientifiche nella prevenzione, nella chirurgia e cura del cancro soprattutto al seno che hanno trasformato il "male incurabile" in malattia cronica. Una patologia dalla quale si può guarire, o nell'ipotesi più favorevole, vivere di più e meglio rispetto a 10/15 anni fa. Questi sono dei traguardi fondamentali in questa lotta... Ci sono tante donne, che come Barbara (la mia figlioccia, come lei stessa ha voluto definirsi, e lo sottolineo con grande orgoglio) convivono con un tumore metastatico, donne in trincea che combattono contro la malattia, che lavorano o addirittura perdono il posto di lavoro. Sono mamme, sorelle, figlie, amiche, mogli... donne che affrontano sofferenze e difficoltà insieme alle famiglie e che devono e vogliono rimanere nella vita, poter contare su qualcuno, conservare un autonomia personale e sentirsi donne sempre.

Per riuscire a leggere il problema che circonda il bisogno è importante intrecciare i saperi, le conoscenze le esperienze; così la compartecipazione diventa un'arma indispensabile per affrontare tale complessità.

Tutto questo oggi fa si che il cancro non sia più solo una questione sanitaria medico-scientifica ma diventi una lotta sociale in cui umanità e solidarietà sono certamente fondamentali ma devono essere accompagnate necessariamente, in questi contesti, da una riorganizzazione dei percorsi di cura sia a livello medico che sociale.

Il raggiungimento di traguardi importanti sono frutto di alleanze nelle campagne di informazione per la prevenzione delle malattie oncologiche e la voce delle associazioni può contribuire alla definizione di politiche sanitarie per la migliore presa in carico dei pazienti.

Viola è uno spazio nel quale le donne possono sentirsi libere di esprimersi, liberi da giudizi, di condividere, di aprirsi, evitando di restare chiuse in se stesse (a volte anche per proteggere la famiglia) imparando a dosare le proprie energie a vivere con consapevolezza e a trovare la forza e le risorse per affrontare un difficile percorso. Lo scopo di Viola è, e sarà, finché avremo risorse ed energie necessarie, quello di offrire servizi ed attività complementari alle cure che possono aiutare a migliorare la qualità della vita, con un'attenzione particolare ai nuovi e diversi bisogni.

Altri obbiettivi fondamentali sono promuovere e divulgare l'importanza sostanziale della prevenzione primaria, secondaria e terziaria; organizzare percorsi di avvicinamento all'attività fisica, tra i quali il Nordik Walking, dal quale anche Barbara, come ci racconta, ha tratto grande benefici, occuparsi di sana alimentazione e proporre corsi che mirano al benessere psico-emotivo e possono essere di aiuto per alleviare le tensioni.

Ogni servizio attività e corsi dell'associazione sono consultabili sul nostro sito www.associazioneviola.it Aosta

Siamo grate a Barbara per avere portato alla luce con il suo libro un aspetto della malattia Oncologica di cui si parla poco.

Raffaella Longo
PRESIDENTE DI VIOLA

ESTETICA SOCIALE

L'Estetica Sociale, anche denominata Socio-Estetica, è una branca dell'estetica professionale che vede il suo campo d'azione, rimanendo nelle proprie competenze, in ambiti particolari come quello medico (ad esempio con l'estetica oncologica o con l'estetica per i diversamente abili), quello psichiatrico e quello sociale fino ad occuparsi anche delle carceri. La figura professionale di riferimento in questo specifico campo è quella dell'Estetista Sociale, o Socio-Estetista, ovvero un'estetista altamente qualificata non solo in ambito tecnico-scientifico, ma anche in quello sociale, psicologico ed umano; tutto ciò la rende una persona particolarmente adatta a relazionarsi con persone affette da difficoltà di vario genere.

"La Socio-Estetica è l'adattamento dell'estetica professionale al mondo della sofferenza, che è fisico, psicologico o sociale. L'obiettivo è quello di ripristinare l'immagine di sé, alterata sia dalla malattia sia dal trattamento medicale."

Estetica Sociale in sostegno ai pazienti in cura oncologica (Estetica Oncologica)

L'obiettivo è di offrire trattamenti estetici e di benessere sicuri alle persone che sono, o sono state, in terapia oncologia e che ora ne subiscono gli effetti collaterali, come ad esempio la perdita ed il danneggiamento della propria identità di donna. Segni distintivi della malattia come la perdita di capelli, il pallore ed i rush cutanei non solo instillano nei pazienti un continuo rimando alla condizione di malato, ma inducono spesso la donna a rinunciare progressivamente alla propria femminilità. Trattamenti estetici eseguiti da estetiste specificamente formate e altamente qualificate diventano così un supporto fondamentale in momenti così delicati nell'esistenza di una persona. In questo modo i pazienti riescono pian piano a migliorare la qualità della propria vita e la condizione di benessere generale, "alleviando" gli effetti collaterali delle terapie oncologiche, insieme alla certezza di beneficiare di trattamenti estetici non dannosi ma sicuri. Oggi la Socio-Estetista è in grado di ridare il sorriso ed il sollievo alle pazienti che sono state sotto cura chemioterapica, cosa che fino a pochi anni fa sembrava impensabile. Oggi i feedback più che positivi delle pazienti che si sono già sottoposte a questa tipologia di trattamenti estetici confermano definitivamente la valenza e l'importanza dell'Estetica Sociale, quale importantissimo mezzo di sostegno nell'affrontare la malattia e le sue pesanti implicazioni.

La SIEPS nel 2015 ha avviato un progetto pilota presso il reparto di Oncologia/Day Hospital dell'Ospedale Regionale della Valle d'Aosta, un laboratorio gratuito denominato **"Rifiorire con la bellezza®"** nel quale vengono date, da estetiste esperte, informazioni sulla loro pelle e vengono erogati trattamenti estetici quali manicure, pedicure, massaggi, trucco, trattamento viso. Il progetto in collaborazione con al LILT è e verrà esportato in altre realtà italiane per offrire al più alto numero di persone l'opportunità di sentirsi donne nonostante la malattia. Per maggiori informazioni è possibile visitare il sito ufficiale www.sieps.it

Dott. Marco Paonessa
Presidente SIEPS

IL DIARIO È FINITO, IL MIO LIBRO NO.

Avete appena letto il mio diario. Una sequenza di dolori atroci, di grandi sforzi, ma anche di sconfitte brucianti, di sconforti che non sai come fermare, di lutti terribili con la perdita di amici. La morte delle tue amiche con cui avevi condiviso anche la stanza d'ospedale.

Quante volte mi sono sentita persa. Malata terminale, senza scampo. Anche perché talvolta questa tua condanna la puoi leggere negli occhi di qualcuno, infastidito dalla sola tua presenza. Che ti vede come un essere inutile, di peso alla società. Talvolta mi è successo anche in ospedale.

In quei momenti puoi contare solo sulla fede se ce l'hai, sul coraggio se ancora riesci a dartelo e sulla forza che ti è rimasta. E pure sulla tua inventiva, perché anche di quella c'è bisogno come capacità di reazione per cercare come continuare a lottare giorno dopo giorno e proseguire a vivere bene. Come vorresti.

Io - non sorprendetevi - sono del tutto contenta della mia vita. Della vita che mi conquisto volta per volta. E sono orgogliosa del mio sorriso. Contenta naturalmente anche degli amici, di chi mi sta attorno in questo bel posto dove vivo, di chi mi aiuta. Ad Aosta e dappertutto.

A loro dedico questa galleria di fotografie e di bei ricordi. È il mio grazie a tutti.

La prima testimonianza è della mamma di Tea, Teresa Parrella, dalla quale ho colto il testimone:

ROMPERE IL SILENZIO

ANNA UGLIANO

L'amicizia cammina sulla terra ed esorta gli uomini a godere della massima felicità.

Penso a queste parole di Epicuro mentre guardo la foto che ritrae Barbara con mia figlia Teresa, che lei chiama affettuosamente Tea.

È l'amicizia che le unisce in quell'abbraccio, ma è anche la consapevolezza dell'esperienza che le unisce nella lotta contro il nemico comune che le ha colpite.

Lotta coraggiosa perche la giornata non si riduca a lacrime brucianti, a brandelli di ogni ricerca di senso.

Difficile comprendere, per chi è fuori da questa esperienza, la giornata di chi lotta con le metastasi. Un'istante e la vita è cambiata. Teresa/Tea ha accolto il dolore della ferita e ha cercato un balsamo nell'amore per tutto quanto le era ancora concesso. Ha trasformato i suoi giorni in un vortice di energia positiva capace di squarciare il vuoto dell'assenza con un pieno di senso. Barbara ha raccolto il testimone perche il ricordo non si esaurisse nel ricordo sterile, indirizzando la scelta verso una testimonianza fertile.

IO E ANNA UGLIANO ALLA MESSA DI TEA A SAINT-PIERRE

AURORA CARRARA

Vorremmo tutti avere intorno a noi solo persone buone, positive e solari, no? Perché irradiano calore, trasmettono sicurezza, alleggeriscono la vita e ti fanno credere che tutto sia possibile. Lei è proprio così. Quando la incontri ci metti al massimo cinque minuti per volerle bene. Perché non è solo profondamente buona e piena di vita. È tenera e buffa, con la sua erre che rotola come una cascata. Ha questo sguardo pulito, persino innocente. Generosa fino al midollo... a lei sembra logico e normale offrirti il suo tempo, il suo aiuto, la sua tavola, le sue uova fresche e tutto quello che ha sottomano. Anche se ha altro da fare, è stanca e non si sente per niente in forma. La manutenzione ordinaria e straordinaria della sua salute è molto impegnativa, per usare un eufemismo. È tosta. Coraggiosa. Audace persino. Mica si fa prendere dallo sconforto, come facciamo tutti nei nostri momenti bui. Anzi sì, lo fa, è un essere umano... e il suo essere tenera ovviamente la rende vulnerabile alle emozioni. Un pregio, non una debolezza.

Ma alla tristezza, alla paura e allo sconforto lei reagisce con una contromossa. Le sue terapie e medicine sono così aggressive e devastanti da modificarle il corpo? E lei inizia a camminare e a correre con una determinazione e costanza che nel giro di qualche mese diventa praticamente un'atleta allenata. Come sono fiera di te, Barbara! Se la vita ti fa lo sgambetto... tu inciampi e quasi ridi, se ti azzanna con noncuranza tu la mordi di rimando, se ti sottrae delle cose tu te ne prendi delle altre. Fai l'equilibrista, hai capito che la nostra esistenza è incessante ricerca di momenti di equilibrio tra fortuna e sfortuna, logica e non-sense, bellezza e mostruosità, giustizia e assurdità. Convivi saggiamente con gli estremi. Non li accetti ma resisti, scalciando. Chapeau.

Hai la tua bella famiglia da crescere, da proteggere, da vivere... è una fortuna tua, una fortuna loro. Equilibri e contrasti... tu in mezzo. La tua famiglia non finisce lì... si espande alle altre persone che ti amano. Sono tante, sai chi sono. Ci sono anch'io lì in mezzo. La nostra è un'amicizia bella, intensificata dal fatto che siamo anche famiglia. Condividiamo un passato, persone, pensieri, tavolate con Emilio che gestisce il vostro barbecue come un direttore d'orchestra, dei valori che valgono.

Cose importanti. So che è facile snocciolare belle parole pompose. E le parole, anche scritte, non sono (quasi) mai abbastanza. Non spiegano abbastanza bene i sentimenti, li banalizzano dentro frasi fatte da qualcun altro. Ma solo quelle ho a disposizione… anche se me la cavo a metterle in fila. E siccome non voglio banalizzare quello che provo per te, cuginetta mia, ti dico solo: "Tu es dans mon coeur".

P.S. E sbrigati... che abbiamo un sacco di cose da fare insieme.

IO, MEMO E VANDA, GENITORI DI AURORA CARRARA A PLANAVAL.

ALIDA COATI

La malattia l'ha messa a dura prova, ma non ha mai smesso di lottare. Ha sempre affrontato tutto con tanto coraggio; quel coraggio che non tutti riescono ad avere in queste situazioni.

Io devo solo ringraziarla, perché ogni giorno mi insegna qualcosa, dirle grazie di esserci sempre e comunque, perché il suo altruismo e la sua voglia di vivere mi spinge a superare ogni momento faticoso, pensando al percorso non facile che la vita le ha imposto.

IO CON ELISA, LA FIGLIA ALIDA, NELLA STRADA CHE COSTEGGIA LA DIGA DI BEAUREGARD (VALGRISENCHE)

BRUNO SAUDA

Mamma, Moglie, Amica, cara Barbara noi tutti desideriamo, a volte non riuscendoci, di trascorrere in tranquillità le giornate, lasciandoci cullare dal normale fluire degli eventi, dalle gioie del semplice e del quotidiano. Per te non è così facile, vista l'indesiderata compagna di viaggio che da diversi anni cammina al tuo fianco. Ma mica gliela dai a vincere a quella! È antipatica!

Vivere è reagire!

Hai intrapreso piccoli progetti, ti sei fatta coraggio e ti lasci scivolare nelle mani delle persone vicine, sempre pronte ad aiutarti, in cambio di un tuo dolce sorriso. La famiglia e gli amici sono una risorsa infinita di energia.

Vivere è amare!

E per non lasciare nulla di incompiuto hai restituito Amore, Affetto e Amicizia. Sentimenti veri e sinceri che vivi intensamente, rincorrendo il tempo e con la paura di non averne abbastanza. Beh! Ne hai fatta di strada. E hai ancora tante mete da raggiungere, una alla volta e a fianco delle persone che tanto ti apprezzano.

BRIGITTE BIASIA

Ma petite soeur est une grande guerrière. Je l'admire pour son courage, sa volonté de combattre cette saloperie. Elle a une force qui la fait aller de l'avant et même le sourire! Rien ni personne ne l'empêche et se battre pour la vie. Malgré cet immense combat elle trouve le courage de m'aider moralement.

Elle est fantastique, UNIQUE!

Je t'aime Papaya

CHRISTINE CAVAGNET

La vita è fatta di attimi… di momenti… momenti tristi e difficili ma anche momenti spensierati, gioiosi e felici! E il 21 maggio è stata una giornata che ha regalato tanti momenti belli e felici: non si poteva chiedere di più per festeggiare i vent'anni di Viola. Una splendida giornata di sole con un cielo limpido hanno accolto gli amici, i simpatizzanti o i semplici curiosi che si sono dati appuntamento in piazza Chanoux per una camminata/corsa in allegria. E io ero lì con un compito speciale….quello di raccontare al microfono l'essenza di Viola, delle sue Violette, di ciò che fanno quotidianamente, del grande aiuto che forniscono e di cercare di trasmettere alle persone che erano lì le grandi emozioni che già si agitavano nel mio cuore. Vagavo col microfono alla ricerca di volti sorridenti o anche stanchi, e ad un certo punto una grande energia positiva mi ha condotto faccia a faccia con Barbara... un viso sorridente, due occhi vivaci e brillanti (io li chiamo "gli occhi che ridono") e la voglia di parlare al microfono! Nella breve chiacchierata mi ha raccontato che ha voluto partecipare alla camminata anche se si stava sottoponendo alla chemioterapia, che non mollava, che cercava di affrontare tutto con un sorriso! A pelle mi è subito piaciuta, ho visto lei la fragilità ma al tempo stesso una grande forza e un grande coraggio... il coraggio di affrontare a testa alta le "mazzate" che la vita ti dà, senza scoraggiarsi e senza arrendersi. Nel mio lavoro conosco tante persone e ho imparato a dare retta al mio istinto, se una persona mi piace a pelle è difficile che cambi opinione! Di lei non sapevo nulla, soltanto un nome... ho cercato su Facebook tramite le pagine di Viola e l'ho trovata...

Papaia Efo alias Barbara alias una Violetta speciale! Mi è venuto istintivo scriverle per dirle quello che avevo provato conoscendola, la scarica di energia positiva che mi aveva trasmesso perché sono convinta che le cose belle vadano dette, vadano condivise. Barbara è una guerriera silenziosa che combatte ogni giorno la sua battaglia, con le unghie e con i denti ma anche con un dolcissimo sorriso e un ottimismo contagioso. Il prossimo passo sarà salire a Planaval per una chiacchierata e un dolcetto che sono che sono sicura ci lasceranno la voglia di rivederci e di assaporare tutte le cose belle che la vita ci riserverà! Perché affrontare tutto con un sorriso è più semplice... sostenersi alle persone che sono al nostro fianco e ci amano aiuta a rialzarci con uno spirito nuovo... guardare a muso duro la bestia nera dicendo: "non vincerai, ti sconfiggerò e tornerò più serena e forte di prima" è possibile e Barbara è tutto questo...

CHIARA MOTTA

Barbara è la mia vicina. Quando, un anno fa, mi sono trasferita nella mia nuova casa in un paesino sperduto nelle montagne, non avrei mai immaginato di trovare dei vicini. Ma soprattutto non avrei mai immaginato di trovarci una Amica. Barbara ed io ci siamo conosciute solamente durante l'estate, quando ho cominciato a lavorare nell'orto davanti a casa sua. Ho conosciuto prima suo marito ed i suoi figli che mi parlavano di questa mamma che non usciva mai di casa. Mi domandavo chi fosse sta tizia noiosa che viveva rintanata tutto il giorno. Ma quando finalmente ci incontrammo, capii che era tutto tranne che una persona noiosa. Mi raccontò la sua storia, un pezzo per volta, stupendomi tutte le volte con la sua energia ed il suo entusiasmo. Dopo pochi incontri, riuscì a farmi raccontare persino la mia storia. Il suo interesse e l'attenzione che ha per il prossimo fecero crollare anche le mie più solide barriere di solitaria introversa.

Mi sorpresi a raccontarle della mia famiglia, del mio compagno e degli amici passati. Trovai una confidente attenta e comprensiva, ma anche estremamente diretta e sincera.

Un'amica.

Nel corso dell'estate lei e la sua famiglia mi hanno praticamente adottato. Io, la nuova arrivata, lassù da sola. Mi hanno accolta nel loro capanno delle feste, a mangiare, chiacchierare, ridere scherzare e ballare.

Già, ballare. Barbara è una ballerina pazzesca. I suoi figli suonano entrambi la fisarmonica e ogni serata si trasforma nell'occasione perfetta per fare un po' di musica e ballare. Nonostante io abbia la leggiadria di un orso ballerino, lei riesce immancabilmente a trascinarmi a ballare con lei. Balla con un sorriso contagioso ed il suo entusiasmo riesce a coinvolgere anche i più reticenti. C'è una serata passata con loro che non dimenticherò mai. Una domenica. Ero nell'orto, praticamente in pigiama, a raccogliere un po' di insalata in fretta e furia, prima che arrivasse la pioggia, con l'idea di rintanarmi in casa e crogiolarmi nel mio cattivo umore. Neanche a dirlo, mi chiamarono per mangiare con loro. Una volta ricevuto un invito dai Gex è impossibile rifiutare. Bistecche, vino, genepì, chiacchiere e musica, fino all'arrivo della pioggia. Una bella pioggia torrenziale estiva, che però non ha tolto a Barbara la voglia di ballare. Mi ha tirata su dalla sedia e trascinata a ballare, scalze sotto la pioggia. Il suo sorriso in quel momento era illuminante. La sua passione, il suo amore per la vita erano percepibili e riempivano l'aria. Si poteva respirare la gioia di qual momento. Credo che quella serata racconti tutto il suo carattere. Nonostante la pioggia, nonostante tutto il passato e tutti i problemi, Barbara continua a ballare con entusiasmo ed un sorriso che abbraccia tutto il mondo. Ciao cara vicina.

BARBARA CON TOUPIE

CHICCA PIGNATARO

Il mostro. L'ho sempre chiamato così. L'ho conosciuto da bambina quando lo vedevo che teneva incatenato al letto mio nonno Gianni. Ho capito da subito che non era un avversario facile. Anzi. È tornato nella mia vita prepotentemente quando ero più grande e quando è iniziata la lunga battaglia di Nonna Rita. Sono stati anni di immense salite e brevi discese. Attraverso il suo percorso ho conosciuto tante persone, tante storie, tante esperienze. Mi ha colpito il fil rouge che legava tutte queste persone. Il coraggio. E fa strano. Ma il coraggio lo si può toccare. L'ho toccato quando alla prima parrucca mia Nonna si è emozionata "perché finalmente poteva essere bionda dopo una vita da rossa". L'ho toccato quando nel suo letto di ospedale chiedeva di essere truccata e che non le venisse tolta la sua collana di perle. L'ho accompagnata fino all'ultimo respiro. E in quell'ultimo respiro ha urlato che il mostro le aveva portato via tutto. Ma non la dignità. Ho iniziato ad avvicinarmi al mondo della dermopigmentazione poco dopo aver perso Nonna. È stato amore. Ed è questo amore che mi ha spinto a intraprendere quella che chiamo "la mia missione". Sono stata fortunata. Sono nata con delle buoni mani (questione anche di DNA, nonna parrucchiera e nonno barbiere), ho ricevuto un dono e i doni vanno messi a disposizione. Ho iniziato a occuparmi delle pazienti oncologiche attraverso l'Associazione V.I.O.L.A. Ho capito, grazie alla Nonna Rita e alle sue compagne di avventura, quanto l'immagine riflessa nello specchio potesse avere un'influenza nel decorso della malattia. In fase di diagnostica una delle prime domande è "ma perderò i capelli? Ma perderò le sopracciglia? Ma il Seno?". La paura di non riconoscersi e la paura di uscire di casa con il mostro sulle spalle è paralizzante. Il mio lavoro consiste proprio in questo. Permettere alle persone colpite dalla malattia di riavere quello che il "mostro" ha brutalmente tolto. È inspiegabile l'emozione negli occhi di chi si guarda allo specchio dopo il trattamento. Ogni volta che qualcuno si alza dal lettino e si guarda allo specchio tocco anch'io il coraggio. Che non è mio. Ma loro. Perché ricominciano a camminare con sicurezza. Più volte ho sentito l'amarezza nella voce di chi mi raccontava "sai. L'hanno fatta facile. Mi hanno detto di pensare a guarire. Ed è vero. Ma io sono una donna. E come faccio a pensare di non vedere più il mio capezzolo? Di non vergognarmi a spogliarmi davanti al mio compagno. Davanti a mio figlio? Tu davvero me lo puoi "ridare"? La risposta è sempre stata Sì. Un Sì che per loro ha la stessa forza di una dichiarazione d'amore. Di quelle belle. Tante esperienze e tante storie sono passate sotto le mie mani. Barbara è una di queste. Barbara è una donnina di quelle belle e minute che appena aprono la bocca diventano giganti. Penso che Barbara sia la persona che mi abbia abbracciata di più. "Ma tu ti rendi conto di quello che mi hai ridato? Ma fai tutto da sola? Tu non vuoi un soldo. Ma nessuno ti aiuta? Perché allora lo faccio io". Barbara non ha paura di scalare la sua montagna. Qualche giorno fa mi ha richiamato per dirmi che ricomincerà l'ennesima chemio. E il suo pensiero è sempre e comunque quello di aiutare le persone coraggiose come lei. E mi ha insegnato questo. Che si possono perdere tanti soldati. Ma la battaglia deve andare avanti. Senza ma e senza se.

CRISTINA TOMBINI

Il gruppo: QUELLI CHE... DOPO UN TUMORE SONO ANCORA QUA E NE VOGLIONO PARLARE.

Il nostro è un gruppo di auto aiuto e non vogliamo assolutamente sostituirci ai medici; l'intento è aiutare chi inizia un percorso di cure tradizionali (vedi chemioterapia) ad affrontare le varie controindicazioni che si presentano lungo il percorso. E chi meglio di chi ci è già passata può farlo?

Molte donne vengono abbandonate da compagni e mariti proprio nel momento della necessità per contro i grandi dolori talvolta uniscono ancora di piu le coppie solide.

Dal 2009 ogni anno organizziamo 2 raduni, uno di solito a maggio e uno a novembre /dicembre per scambiarci gli auguri di Natale... perché dopo un po' che ci parliamo virtualmente,si sente la necessità di rendere reali tutti gli abbracci (virtuali)che ci scambiamo durante l'anno...

Ogni volta cambiamo location per poter permettere a tutti gli iscritti che sono sul territorio nazionale, di potersi conoscere, arrivando con piu facilita' al luogo prescelto.

Video del gruppo in Valle d'Aosta

DANIELA BARMAVERAIN

La mia amicizia con Barbara nasce più di vent'anni fa, quando entrambe frequentavamo lo stesso corso. La cosa che mi ha colpito subito di lei è stata la sua capacità di relazionarsi con gli altri. Io, come altri corsisti, ero più riservata. Lei invece, con la sua vivacità, la sua gioia, il suo sorriso, in men che non si dica è riuscita a fare amicizia con tutti e a creare un bel gruppo affiatato.

La nostra amicizia ha continuato a vivere durante tutti questi anni, diventando sempre più forte e indissolubile. Anzi, per me è più di un'amicizia…Barbara è la sorella che non ho mai avuto, la spalla su cui piangere, la persona con cui ho condiviso gioie e dolori, una persona su cui potrò sempre contare, nel bene e nel male. Ha tenuto in braccio il mio bambino, che ormai è grande. Ho condiviso con lei i suoi momenti felici, il matrimonio con Emilio, la nascita dei suoi figli Fabien e Olivier, la costruzione della loro casa a Planaval.

Poi ci sono stati i momenti più duri e difficili della sua vita, quando ha scoperto di avere il cancro, la chemioterapia, la perdita dei capelli. I suoi bambini erano ancora piccoli. Ci fu la guarigione, poi tutte le complicazioni presentatesi in seguito, fino al ritorno del cancro 8 anni dopo. Barbara ha vissuto tutto questo senza arrendersi mai, combattendo con tenacia, con grande coraggio e con la voglia di vivere che c'è in lei. L'hanno soprannominata la GUERRIERA! Niente di più giusto. Per me sarà sempre la mia dolcissima e generosa guerriera. La nostra non è un'amicizia di quelle affiatate, dove ci si ritrova sovente. Noi ci vediamo poco, non riusciamo a passare troppo tempo assieme, però sappiamo goderci i momenti che condividiamo, come le nostre bellissime passeggiate, le confidenze, le chiacchierate. Quando sono assieme a Barbara sono felice, sto bene perché lei ti contagia con la sua positività e la sua gioia di vivere. Barbara è una persona speciale.

IO E DANIELA A LA CLUSAZ

DANIELA SOFRITTI
Il mio piccolo e dolce elfo di montagna

Sono malata oncologica dal 2001 e dal 2010 metastatica, con Barbara ci confrontiamo spesso sulle nostre esperienze ed avendo vissuto prima di lei tutto il percorso ho sempre cercato di sostenerla e di consigliarla su come affrontare la malattia.

In particolare mi raccontava dei dolori che stava passando in quel periodo. Mi diceva che era sempre stanchissima, che spesso le mancavano le forze, che era tutta dolorante. La capivo benissimo perché è così che ci si sente, la tua mente vorrebbe fare ma il tuo corpo si ribella perché le terapie chemioterapiche ti debilitano tantissimo e le conseguenze le porti per anni e anni anche dopo la sospensione dei cicli. Quando mi disse che anche lei era "diventata" metastatica mi si strinse il cuore. Ma finalmente c'era una risposta alle sue sofferenze. Temevo che si abbattesse perché la sentivo "fragile" in quel momento.

Ma il mio Piccolo e Dolce ELFO di montagna ha saputo riemergere dalle ceneri come la Fenice e passo dopo passo ha raggiunto grandi traguardi. Quando vedo le foto delle sue camminate in montagna sono orgogliosissima di lei e come le dicevo non bisogna mai cedere al Cancro perché è vero che noi più di altri abbiamo una vita con la scadenza a breve, ma è anche vero che noi più di altri sappiamo qual è il valore della VITA.

ELIO SPERANZA

Dico spesso ai malati "Trova te stesso, la tua Armonia, la tua Serenità, la tua Positività e troverai la strada della tua Vittoria".

Questo Barbara l'ha capito lo ha fatto. Piano piano si è posta dei traguardi e li ha raggiunti. Traguardi che visti i risultati personalmente avrei difficoltà a eguagliare. Un percorso in montagna che per una persona cosiddetta sana richiede 3 ore di marcia, lei lo ha fatto in 2 ore e 25. Sei una Grande Guerriera Barbara!

LUCIANA LUCIANI, INFERMIERA DI ONCOLOGIA DEL DAY HOSPITAL SEMPRE CON IL SORRISO E DISPONIBILISSIMA.

EMANUELA FURLAN

Ho avuto il grande piacere di andare a trovarla nel paese dove vive e mi sono resa conto di quanto lei faccia parte di quell'angolo di paradiso... perché la stessa serenità che si prova guardando il paesaggio la si prova stando insieme a lei. Il cancro è una malattia che devasta...che sconvolge la vita di chi si ammala e di chi gli è vicino... ma fa anche dei bellissimi regali. Sì, il cancro ci regala la capacità di guardare tutto con il terzo occhio... quello dell'anima... ed è con questo che si riesce a vedere la Vita in tutta la sua meraviglia... e ci regala anche le persone vere...quelle con una grande Anima, con quella capacità di capire l'incomprensibile e di apprezzare anche le più piccole cose. Il cancro ci toglie... ma ci dà.

ESTER GALLIZIOLI

A maggio accadono cose meravigliose: il risveglio della natura dopo il lungo sonno invernale, nuovi amori pronti a sbocciare, spose radiose che si avviano a passo di danza verso l'altare e poi accade che a te, in quel lontano maggio del 2009, ti trovano un cancro. Dura da digerire ma in qualche modo si va avanti. E quindi interventi chirurgici, demolizione, ricostruzione, visite su visite e si va avanti arrivi alla prima seduta di chemio, attendi il tuo turno, sai che dovrai stare lì parecchie ore e che la cosa si ripeterà nel corso dei mesi e aspetti sapendo già che poi starai male, inizieranno a caderti i capelli, non avrai più il totale controllo sul tuo corpo chiamano il tuo nome, ti fanno accomodare e ti collegano a quel sottile tubicino che in breve farà entrare in circolo il farmaco nelle tue vene certo i brutti pensieri non mancano, ma poi poi alzi lo sguardo e la vedi. Lei ha la bandana in testa e il viso tondo di chi di chemio ne ha già fatte tante e ti sorride con quello sguardo di chi sa a cosa stai andando incontro e cerca di confortarti come solo una sorella sa fare quel sorriso un'iniezione di coraggio, un abbraccio silenzioso, l'arcobaleno dopo il temporale. "Ciao, sei nuova? Io sono Barbara". E succede che da allora quella persona entra a far parte della tua vita e tu della sua, come sorelle, unite da un profondo legame che solo la condivisione di un dolore così grande può creare e si va avanti si supera anche la chemioterapia, si superano le visite di controllo, TAC, PET, si superano lutti, dolori, si condividono gioie e traguardi raggiunti insieme si è più forti, insieme si è invincibili! Ti ritrovi dunque a riflettere sul fatto che seppure la malattia ti abbia tolto molto ti ha permesso di trovare una persona speciale come Barbara che con te ha esultato il giorno in cui sei stata dichiarata "guarita", totalmente libera dal mostro e poi poi arriva il giorno in cui a Lei viene diagnosticata una metastasi della malattia. E tu non puoi crederci, non puoi accettarlo, non vuoi neanche pensare che possa essere successo proprio a Lei, al tuo angelo e ti disperi, piangi tutte le lacrime che puoi, maledici tutto e tutti quelli che non le hanno creduto quando stava male e che le davano della pazza depressa e continui a chiederti perché? E ti ritrovi nuovamente in quella stanza con le poltrone per la chemio un brivido ti percorre la schiena Lei ti guarda con quel sorriso che mai in questi anni hai visto spegnersi un nuovo ciclo di chemioterapia per Barbara e tu vuoi darle coraggio, vuoi abbracciarla silenziosamente, vuoi esserci, come Lei c'è stata quel giorno per te perché sempre e per sempre insieme si va avanti.

IO E ESTER AL VENTENNALE DELL'ASSOCIAZIONE VIOLA, QUEL GIORNO ABBIAMO FATTO 5KM A PIEDI, FACENDO IL GIRO DI AOSTA.

ESTER PORTA

Ultimamente si fa un gran parlare su come viene usato facebook... io posso solo ringraziare questo mezzo perchè mi ha dato la possibilità d'incontrare tante belle persone... una in particolare è Barbara... tre anni e mezzo fa tramite un gruppo di sostegno per chi ha avuto e ha tuttora a che fare con il tumore, ci siamo scambiate l'amicizia... Inizialmente in modo virtuale e poi fortunatamente ho potuto conoscere Lei, la sua meravigliosa famiglia ed il luogo incantevole dove abita: Planaval di Arvier in Valle d'Aosta. Sin dal primo incontro è bastato guardarci ed abbracciarci per capire che la nostra amicizia sarebbe stata speciale, bellissima e sincera! Io abito vicino a Vercelli, siamo un po' lontane per poterci incontrare come vorremmo ma basta un piccolo gesto su whatsapp... e ci sentiamo in completa sintonia!

UN APERITIVO CON MIA CUGINA ALESSANDRA

IO E PAUL   IO E PIERA

GABRIELE VALLERA

Cara Barbara ancora non ci siamo incontrati personalmente; abbiamo fatto solo un cammino comune, stranamente abbiamo legato nella dimensione del dolore che normalmente fa rinchiudere le persone su se stesse, in una dimensione che può far saltare il meccanismo di autodifesa emotiva.

Al malato si deve dare non la miglior terapia, ma la miglior terapia per lui. Un confronto diretto con chi si cura può guidare nella scelta.

Battere il cancro del pregiudizio si può, auguro a tutti di vedere la luce sul proprio cammino.

Ti ringrazio, in tutti questi anni ci siamo supportati a vicenda. Buona Vita Barbara, un abbraccio ed un sorriso per amico.

GILLES CLUSAZ

Questa è una dedica a chi è sempre rimasta a lottare, quando il freddo e la tempesta decimavano gli apparenti falsi amici. A te Barbara dico grazie per la forza e la costanza che infondi in questo animo tormentato e indeciso. Non troverò mai il modo di ringraziarti per i colpi che hai subito al posto mio, per la presenza ferma e sicura di una madre che ha lavorato tanto per costruire una famiglia indipendente in quel paradiso terrestre chiamato Planaval.

Non temere il destino Barbara, i più forti sono quelli che piangono e continuano a sperare. I più deboli sono quelli che non piangono e non combattono contro le avversità. Spero di continuare a sostenerti in questa battaglia che stai affrontando.

ZIA ALBERTINA (ZIETTA) E ZIO VELIO

ANNA GRASSIS

l'amicizia con Barbara risale a circa 13 anni fa... quando si è resa disponibile ad fare da tata a mio figlio mentre io dovevo riprendere il lavoro dopo la gravidanza. È un periodo che ricordo con molto piacere per l'affetto e la serenità che ha sempre trasmesso al mio bambino e a me; si è spontaneamente e instaurato un rapporto di fiducia reciproco. Da subito c'è stata empatia. Anche se la frequentazione non era assidua, sapevamo che c'eravamo l'una per l'altra senza troppi giri di parole...

Barbara ha sempre anteposto, a volte anche a se stessa, la propria famiglia ed i propri famigliari e quindi di tanti in tanto aveva bisogno di una fuga... di una boccata d'aria... di porre un po' di distanza da questi legami forti... e così si partiva per una giornata a fare qualcosa solo per noi due...

Poi è arrivata la malattia... e la sua preoccupazione affinché i suoi figli non soffrissero troppo non venissero penalizzati dal suo non essere sempre in forma e presente a causa dei ricoveri delle terapie ecc. Nonostante tutto, riuscivamo ancora a ritagliarci qualche spazio fuori da legami famigliari... compatibilmente con il suo stato di salute. Dopo un periodo di relativa "tranquillità" di nuovo la malattia... subdola insidiosa... ma ecco che finalmente Barbara prende in mano la sua vita, in modo differente rispetto la volta precedente, e decide di metterla al centro, perché solo in questo modo potrà essere di aiuto e sostegno ai suoi famigliari oltre che a se stessa...

Ha quindi fatto emergere tutta la sua forza di volontà, la sua combattività e la voglia di vivere per affrontare questa nuova sfida... E così all'inizio dell'inverno 2016 ricevo una telefonata di esplicita richiesta di aiuto e sostegno: "Anna vieni con me a camminare". Era una richiesta senza appello che ho accolto con gioia e preoccupazione al tempo stesso (sarei riuscita a camminare reduce da un frattura e un intervento? Ma se ce la fa Barbara ce la posso fare anch'io è stata la risposta). Così abbiamo iniziato le nostre camminate inizialmente lungo la strada innevata che da Planaval va verso La Clusaz e Beuleun e poi su sentiero, con percorsi sempre più lunghi e impegnativi. Ogni tanto sentivo che Barbara faticava ma che con caparbietà e determinazione diceva... andiamo avanti...voglio raggiungere la meta... allora magari dopo una piccola sosta... e aver mangiato qualcosa si ripartiva... e si raggiungeva l'obiettivo... e subito dopo si fissava quello successivo.

Ecco Barbara è un'amica che mi ha insegnato che l'amore per la vita e per noi stesse ci può far affrontare ogni problema ogni difficoltà con un sorriso e con ottimismo, che il nostro corpo fa quello che gli trasmettiamo dal profondo anche se gli esami clinici hanno un riscontro completamente differente. Soprattutto mi ha insegnato che il tempo dedicato agli altri è sempre tempo che dedichiamo a noi stessi.

LE MIE CALZE ABBINATE AL COLORE DEI CAPELLI DELLA MIA FISIOTERAPISTA BIANCA FORNARESIO

LILIANA NICOLUSSI

Anno 2001, ciò che ci fece incontrare fu il fatto che i nostri figli erano nati nello stesso anno, a quel tempo frequentavano la scuola d'infanzia. Il futuro mi avrebbe rivelato solo dopo la fortuna di aver incontrato una

persona così speciale. Fui colpita subito dalla sua solarità dalla sua energia dalla sua indole altruista ma soprattutto dalla sua sincera e spontanea semplicità. Bastò poco tempo infatti per comprendere che Barbara sarebbe diventata più di una semplice conoscente bensì una amica con la a maiuscola. Oltre che a rendere piacevoli ed unici i momenti condivisi insieme lei fu e rimane tutt'ora una fonte inesauribile di sostegno morale. Abbiamo trascorso momenti indimenticabili mia cara Barbara: ricordi la vacanza il Tunisia? Quando volevano obbligarci a comprare i tappeti? E quando abbiamo provato il narghilè e il the arabo? Ti ricordi quante risate? E la luna che ci guardava? Quei momenti sono indelebili dentro di me. Ricordi le passeggiate in via De Tillier ad Aosta? Sorrido ancora quando ti dovetti tenere la mano per farti mettere il piercing al naso. Abbiamo affrontato molte sfide cara Barbara, come quella di far crescere i nostri figli assieme e insegnare loro i giusti valori, beh, ci siamo riuscite. Non potrò mai ringraziarti abbastanza per le gioie i sorrisi che mi hai regalato con la tua spontaneità, perche tu sei così "unica". Poi, inaspettatamente arrivò la notizia della tua malattia. Ricordo esattamente: mi chiamasti dicendomi ciò che i medici ti avevano comunicato. Subito il mio cuore si fermò e mi sentii sprofondare, volevo poterti dire qualcosa di sensato ma le parole morivano sul nascere e non mi capacitavo di tanto dolore. Avrei voluto essere un tutt'uno con te per alleviare questo macigno sul tuo cuore. Sino ad allora avevamo condiviso le nostre avventure moltiplicando così la gioia, ma ora sarebbe cambiato qualcosa decidesti di condividere con me questo dolore ed io cercai a modo mio di aiutarti ad affrontarlo. La vita è ingiusta, ma è inutile cercare spiegazioni. Decidesti di combattere e combatti tutt'ora ogni giorno. È difficile trovare le parole giuste ma se c'è una cosa di cui sono sicura è della tua forza d'animo e della tua innata solarità. Grazie cara amica per tutto ciò che mi hai trasmesso. L'espressione più bella è il tuo sorriso malgrado ciò che porti sulle spalle, perciò ti prego non smettere di sorridere.

SALENDO AL LAC DU FOND, SOPRA PLANAVAL (ARVIER)

JIL MARTINET

Dolce figlia della città delle luci,
nata dalle quiete acque della Senna.
Agli occhi dei comuni siete donne.
Ma solo per pochi valorose guerriere.
Nel vostro palmo vi fate spada del coraggio
e in viso - come fulgente scudo
il vostro sorriso.
Ma come fate ad esser così.
Così travolgenti,
così graziose,
così inarrestabili?
La vita è crudele, a volte,
ma è nei momenti difficili che si riscopre la gioia di vivere.
Non sarà di certo una violenza a consumarvi,
ne una malattia ad abbattervi.
Nulla potrà arrestare l'impeto che vi muove.
Per tutte coloro che combattono all'ombra del silenzio,
per tutte coloro che soffrono ogni giorno
per voi tutte è questa poesia.
Perché di monito al mondo dovrebbero essere
le vostre sacrosante virtù.

CONSUELO JARAMILLO

LA VERA AMICIZIA
NON FINISCE MAI...

LUCA TONINELLI

Il sole si è preso una pausa nell'illuminarti, qualche tempo fa. Poi è ricomparso su di te e credo che non ti abbandonerà più. Semmai volessi essere un'altra persona e potessi scegliere vorrei il tuo piccolo corpo ed il tuo immenso cuore. Fai parte degli speciali, dei grandi guerrieri che si offrono alla battaglia senza mai indietreggiare. Non è semplice esserti, tu sei e basta, il resto non ha senso. Non esiste scienza ne cultura che possa essere più di quanto tu sia. Sei per te e gli altri, un fulcro, dove tutto gira attorno senza scalfirti. Neanche quella merda di medicina.

sei... continua a camminare per le tue montagne...
il vento ti spinge.... il sole ti scalda.... il ghiaccio ti tonifica....
e tu sei sei sempre piu bella e piu forte....

MARA CHABOD

Un amico è colui al quale puoi rivelare i contenuti del tuo cuore, ogni grano e granello, sapendo che le mani più gentili li passeranno al setaccio e che solo le cose di valore verranno conservate, tutto il resto verrà scartato con un soffio gentile.

Questo proverbio persiano descrive nel migliore dei modi la nostra amicizia.

Ci conosciamo da molto tempo, abbiamo condiviso momenti di ogni genere, pensieri per la famiglia, i figli, il lavoro. In qualunque situazione emerge sempre il lato sensibile, docile del suo carattere. Si fa in quattro per aiutarti, trascurando a volte se stessa. Suo padre la definisce il "San Bernardo" della famiglia.

Quando la malattia la colpisce, riesce ad affrontare con dignità lo sconvolgimento della sua vita.

Per anni questa "brutta bestia" l'ha costretta ad affrontare periodi da critici a meno critici.

Nonostante le aspettative e le speranze di una guarigione siano sempre grandi, torna da dietro l'angolo l'incubo della malattia.

Ma questa volta Lei non ci sta! Vuole riprendersi la sua vita, e così facendo incoraggia gli altri a fare altrettanto!

La sua mente è come un vulcano e si apre ad orizzonti più vasti, progetti, tanti progetti!

Trasforma il suo quotidiano dedicando volentieri gran parte delle sue energie (anche se limitate a causa della terapia) a lunghe passeggiate nella natura, tanto che mio figlio Gilles scherzando una volta mi ha chiesto: "Ma Barbara si fa di chemio?"

Affiora nuovamente la sua indole, la sua propensione al prodigarsi per gli altri mettendo a disposizione di tutti il suo vissuto. Mi piace pensare a lei come ad una farfalla! La metamorfosi della farfalla è un attimo davvero meraviglioso ma difficile da cogliere!

Io ho assistito a quella di Barbara.

IO E IL MIO FIGLIOCCIO AMEDEO, FIGLIO DI MARA CHABOD E VANNI CLUSAZ

MARIA GRAZIA SCIONI

Barbara è tutto questo per me: una donna amante della vita, della sua famiglia, dei suoi amici e di tutto ciò che la circonda. La qualità che la contraddistingue è l'altruismo. Aiuta molte persone; in modo particolare le sue amiche di sventura, conosciute durante il percorso della malattia, non solo a parole ma concretamente. Barbara, ti voglio bene.

IO CON LE MIE AMICHE CRISTINA, CONSUELO E CINTHIA

MAURA SUSANNA

Era un freddo pomeriggio di Dicembre, mi recai a Saint-Pierre in occasione della commemorazione della morte di Teresa, la figlia di una carissima amica che la malattia aveva portato via troppo presto e senza chiedere il permesso a nessuno.

Nella gelida chiesetta i famigliari, parenti ed amici si erano riuniti per ricordarla. Mi chiesero di cantare una canzone a me molto cara 'Gracias a la Vida', confesso che non fu facile, mi sembrava di profanare un momento di dolore con un inno alla vita. Eppure è così. Noi eravamo tutti lì. Vivi, per ricordare Teresa. Tutti avevano un pensiero, un aneddoto da raccontare. Sembrava che Teresa fosse lì, in mezzo a noi.

Dal fondo della chiesetta si levò una timida voce: "Conoscevo molto bene Teresa, e conosco molto bene la sua malattia. Sono qui a testimoniare la mia vicinanza alla famiglia perché so' cosa vuol dire."

Era Barbara, con il suo copricapo che nascondeva quello che le sue sopracciglia non potevano nascondere.

Mi sentii raggelare il sangue. Così giovane, pensai. Parlava con tranquillità e con il sorriso sulle labbra cercando di dare parole di conforto a chi Teresa l'aveva amata.

Così ho conosciuto Barbara e, passo a passo, l'ho seguita su F.B. I suoi post quando ancora era in terapia, messaggi di speranza, di incoraggiamento i ringraziamenti a tutti coloro che la stavano aiutando, le prime passeggiate e poi ancora passeggiate sempre più sorridenti sino al giorno che ha tolto il copricapo lasciando intravedere, finalmente, la ricrescita.

Voglio ringraziarti, Barbara.

Sei stata e continui ad essere un esempio di volontà, caparbietà e gratitudine. Una donna che sa combattere con il sorriso negli occhi e nel cuore. Un cuore che non ha mai smesso di pensare anche agli altri, nonostante tutto.

Questa è la tua grande forza. Grazie, Barbara.

MICHEL NOUSSAN GEX

Anni fa attraversavo un periodo burrascoso, mi facevo del male proprio mentre tu iniziavi a stare male. Un giorno parlando mi hai detto: tu ti fai per morire, io devo farmi di chemio per vivere! Ora che so capire quello che è stato ti ammiro per la forza che hai nell'affrontare la tua battaglia. Ti voglio bene.

MONIQUE DUCOURTIL

Ciao Barbara, mi è bastato poco tempo per capire che sei una persona buona e sincera. Ti ammiro per come affronti i problemi che la vita ti ha posto. Continua sempre così, sei grande!

MONICA POLI

Cara amica ti scrivo così mi distraggo un po'... no quella era una canzone!!!
Ciao Papaia, Ti scrivo per dirti GRAZIE di essere la mia gemella diversa, per aver creduto in me ed avermi sempre incitato e supportato. Perché vedi, cara Heidi, avere un sentimento sincero, profondo, che viene dal cuore come il nostro non è affare di tutti. E anche se in questo momento tu sei diversamente sana, ti auguro e ti prego di trovare la forza di andare avanti e di non mollare!
Insieme ce la faremo. Ti voglio bene, ma questo lo sai!

NADINE DESAYEUX

"Agli occhi di una figlia, una madre è una dolce eroina o un'ancora alla quale aggrapparsi se si è in pericolo. Mia mamma è molto di più: è stata un'amica fidata sempre pronta ad aiutare e sostenere nel bisogno.

È una moglie che ha amato senza riserve, è una figlia che ha sempre rispettato i genitori, è una sorella che ha sempre protetto la sua sorellina, è una zia che ha fatto anche un poco da mamma.

È un'insegnante che ha sempre adorato il suo lavoro perché lei aveva il dono di saper stare coi bambini: la loro vitalità era la sua forza per affrontare il brutto della vita.

È una nonna orgogliosa dei suoi tre nipotini che ha potuto vivere per pochi anni ma che aveva già conosciuto proiettandoli nel futuro come per portarseli dentro di sé.

È stata una donna che ha sofferto molto a causa di un tumore al seno ed alle innumerevoli metastasi che le hanno distrutto il corpo… solo il corpo perché il suo temperamento non è mai stato scalfito: sempre pronta a combattere per farsi vedere forte così da non preoccupare chi le voleva bene.

Mi ha insegnato ad essere una persona migliore e a pensare che il tumore non vince mai perché, quando arrivano le difficoltà e le sofferenze è la dignità che fa la differenza: la persona scivola silenziosa verso quello stato di tranquillità che il corpo cerca dopo il fare tumultuoso, inarrestabile e codardo del cancro… la persona è dignitosa, il cancro è subdolo…alla fine, comunque vada, vince sempre e solo la dignità.

Mamma, ogni giorno manchi terribilmente a me, a tutti… grazie ai nostri ricordi, alle preghiere e al nostro amore per te, sappiamo che tu sei con noi…sempre…non resta che viverti attraverso quelle che erano le tue forze: il bello dei bambini, la dignità e la tenacia.

Grazie a Barbara per avermi permesso di far parte di un progetto così utile e bello. Un abbraccio…

FORTUNATO PERRONI

Le parole servono a poco, conta solo l'affetto che mi lega a te. Sei la persona più dolce del mondo, un abbraccio!!!

SILVANA HAUDEMAND

Credo che ogni persona che inontriamo ed ogni evento che viviamo siano in qualche modo attratti da noi nella nostra vita e credo che questa teoria si sia concretizzata il giorno di Pasqua 2017. Era una fredda giornata di primavera e mi trovato dalle parti di Panaval in attesa dell'arrivo di un raggio di sole che mi incoraggiasse a scendere dall'auto per fare due passi quando vengo sorpresa da un vociferare allegro e scorgo una copia che si incammina lungo la strada poderale. Ci scambiamo un sorriso di cortesia mentre li osservo allontanarsi. La Donna indossa un copricapo rosa e chiacchera animatamente con il suo amico.
Malgrado la resistenza dovuta al freddo, decido di farmi coraggio e mi avvio lungo il sentiero. Poco dopo vengo attirata da alcune voci e scorgo la donna di prima che sta tentando di ragggiungere la strada districandosi tra i rovi, mi accorgo che è in difficoltà e le offro un aiuto. Stupita mi sento chiamare per nome e realizzo che si tratta di Barbara una mia conoscenza di vecchia data che avevo incontrato raramente nel corso degli anni. Percorriamo un tratto di strada insieme e mi racconta animatamente

IO E SILVANA AL LAGO D'ARPY (COLLE SAN CARLO)

la sua vita e purtropppo mi parla, sempre con un sorriso sulle labbra, delle tante vicissitudini dovute ai suoi problemi di salute.

Ho avuto da subito la sensazione che il nostro incontro su quel sentiero non fosse stato casuale e che le nostre strade non si erano incrociate invano. Barbara era reduce da una chemioterapia fatta il giorno precedente e malgrado l'evidente difficoltà e fatica trasmetteva un'energia positiva e un entusiasmo per la vita straordinari.

Quando ci siamo lasciate ero invasa da tante emozioni ed avevo la certezza che quell'incontro avrebbe lasciato un segno dentro di me. Barbara, con tutto il suo entusiasmo e la sua voglia di vivere mi era parsa quasi irreale. In un primo luogo mi sono detta che quella era la sua maniera di reagire alla malattia ma con il tempo ho imparato a conoscerla e ad apprezzare la sua gioia di vivere, il suo cuore grande, il suo stupore davanti allo spettacolo della natura e all'entusiasmo di fronte a piccole meraviglie che non sappiamo piu scorgere intrappolati nelle nostre vite frenetiche.

Abbbiamo percorso altri sentieri raggiunto piccole mete ma Barbara è una donna che non ama porsi limiti quindi mi ha proposto di accompagnarla al Lac du Fond che si trova a 2439 mt. slm. Accetto la sfida, e finalmente dopo vari rinvii riusciamo a partire accompagnate da un bellissimo sole di una splendida giornata di ottobre. Nutro qualche timore nel percorrere la prima parte del sentiero che si inerpica su un ripido pendio.

Barbara, malgrado qualche problema di equilibrio causato dalla chemioterapia è una forza della natura e mi segue passo a passo raggiante come sempre. Dopo solo due ore e 20 minuti ci troviamo sull'ultimo tratto di salita del sentiero che conduce al lago invase da un turbinio di emozioni e di felicità consapevoli di aver vinto l'ennesima sfida. Improvvisamente ci specchiamo nelle acque limpide del lago che non mi era mai parso così bello, avvolto dal riflesso delle luci e dai colori dell'autunno e da una magica atmosfera. Ancora una volta mi hai mostrato la tua vera natura di guerriera e quanto sia grande la tua forza ed il tuo coraggio. Ringrazio l'energia che ci ha fatte incontrare e ringrazio Barbara per avermi permesso di condividere le sue sfide sui sentieri e nella vita, i suoi momenti felici e gli inevitabili momenti di difficoltà. Ci saranno altre mete e altri obbiettivi ma mi hai insegnato che passo dopo passo nessuna meta è irraggiungibile. Con immenso amore e gratitudine.

MONICA TASCHIN

Non ho mai sentito dalla tua voce un lamento, un…non stò bene!

Da anni affronti grandi battaglie con il sorriso, la caparbietà e la grinta che ti contraddistinguono!

Certo che anche l'amore della tua splendida famiglia fa tanto! Hai dei figli splendidi e un marito d'oro!

TIZIANA FRASSY

"**Quando accadono cose importanti, anche cose che fanno soffrire, non è sfortuna! Un po' si! È la tua vita,e devi trovare il modo per continuare, AL MEGLIO…**"

Quando sono venuta a trovarti, son passati due anni? Mi sono tornate in mente queste poche frasi e, dato che le cose non si erano per nulla risolte, anzi, l'unico suggeri-

IO E TIZIANA IN VALGRISENCHE

mento che mi sono sentita di darti è di non subire passivamente tutto ciò che ti stava e ti sta accadendo. E tu da Guerriera sei uscita di casa e hai iniziato a camminare... e... non hai più smesso. E tu da Guerriera, per prima hai usufruito del servizio di Dermopigmentazione (bellissime sopracciglia) con Chicca. E tu da Guerriera, vivi la tua vita, progettando il futuro ma vivendo giorno per giorno. Ti regalo una frase che mi ha accompagnata sul Cammino di Santiago e tutt'ora mi accompagna nella vita. "Una volta si andava sul Cammino per salvare l'anima, ora ci si va per trovarla". Il Cammino per me sono i passi che faccio ogni giorno, spiritualmente e fisicamente...

I MIEI FIGLI, OLIVIER E FABIEN, MENTRE SUONANO LA FISARMONICA CON L'AMICO DI FAMIGLIA ALBERT LANIECE

IO CON I MIEI GENITORI

IO CON DON QUINTO

PASSEGGIANDO CON MARIA

IO E MICHEL, IL TECNICO RADIOLOGO

ZIO LUCIANO E ZIA IVANA

MIO CUGINO MARCO, FIGLIO DI ZIA IVANA E ZIO LUCIANO

IO E IL MIO AMICO OSVALDO

IO CON IL DOTT. GIARDINI E SOLANGE, INFERMIERA MEDICINA DI MONTAGNA

IL MIO INCONTRO A LES COMBES
CON PAPA WOJTYLA

SEMPRE A LES COMBES, INCONTRO
CON PAPA RATZINGER

LA MIA AMICA LORELLA

LAC DU FOND, SOPRA PLANAVAL (ARVIER)

IO E MIO MARITO EMILIO AL VENTENNALE DELL'ASSOCIAZIONE VIOLA

PLANAVAL, NEL GIORNO DEL NOSTRO MATRIMONIO

IL MIO PADRINO LILLO E CLAUDY CON ME A LES COMBES

CON I MIEI SUOCERI ETTORE E IVONNE

A CASA CON LA FAMIGLIA AL COMPLETO

IO, MIO MARITO EMILIO E TOUPIE

LA MARCIA DEI 5 KM ALLA GIORNATA DEL VENTENNALE DI VIOLA

A CASA A PLANAVAL

ALPE ORFEUILLE

IO CON LA BANDANA DI DINAH

IO CON I MIEI CUGINI CARLO, PAOLA E LA CAGNOLINA ZOE

IO CON LA MIA AMICA ANTONELLA SADO   A MONT FORCIAZ CON YVES

LA MIA MADRINA, PASQUA MACRÌ   ZIA CRISTIANE "KIKI"

RINGRAZIAMENTI

Innanzi tutto vorrei ringraziare Massimo Pesando, Giacomo Sado e Tiziano Trevisan che hanno creduto in me e nel mio progetto del libro. Stefano e lo staff della tipografia per avermi sopportata... e non è stato facile.

Ringrazio i medici, gli amici e tutti coloro che hanno contribuito con i loro interventi e le loro testimonianze alla realizzazione di questo libro.

Infine un ringraziamento va a tutti gli autori dei disegni: *Alberto Sana, Amedeo Clusaz, Edoardo Cappelletto, Iacopo Tamburini, Irene Roscio, Leonardo Roscio, Luca Salice, Martina Roscio, Natalie De Antoni, Nicolò Salice, Pietro Ceriani, Sebastian Comparetto, Sofia Maria Barmasse, Sophia Comparetto, Sophie De Antoni, Yves Bovard.*

INDICE

INTRODUZIONE A CURA DI GIACOMO SADO
Barbara e i suoi due motori 3
Prima e dopo. Mai più come prima 5
Correva l'anno di grazie 2009 21
Fare (molto) di più 26
Guarire 29
Non mi importa più niente di quel che vedo.
Bello o brutto che sia 30
L'ultima sigaretta 37
Associazione VIOLA 42
Associazione LILT 43
Intervento e referto.
Il tumore adesso ha anche un codice: G3 44
Dopo l'intervento. Visita oncologica, chemio e radio 46
Per me adesso è un mondo tutto nuovo. È l'ignoto 46
Le parrucche per noi donne in caso di alopecia 49
Altri effetti collaterali 51
Il "bus della morte" si ferma ad Ivrea. 52
Il bob a due. Io e mia zia Albertina 59
Primi lutti 63
Dal Giugno 2011, un periodo orribile 70

Proprio sul più bello, un incubo 78

Dal 30 Aprile al 30 Settembre 2016,
Cinque mesi d'inferno 82

Il secondo round. Torna il cancro che credevo sconfitto .. 83

Nuova sentenza.
Da donna operata di cancro sono diventata metastatica .. 88

Comunicare la nuova malattia 88

Non solo belle storie. Balle e fake news su internet 94

Fare qualcosa di nuovo. Che cosa però? 98

Camminate donne con i bastoni.
Nordic Walking sarà il nostro motto! 102

In cima alla montagna. Proprio dove volevo arrivare 108

10 Aprile 2017 122

29 Novembre 2017 123

4 Dicembre 2017 125

5 Febbraio 2018 130

Barbara, la mia figlioccia. Associazione VIOLA 133

Estetica Sociale. Associazione SIEPS 136

Il diario è finito, il mio libro no. 138

Ringraziamenti 191

Indice degli interventi specialistici 194

Indice delle testimonianze 196

INDICE DEGLI INTERVENTI SPECIALISTICI

Dott.ssa Giuliana Carrara 5
*Psicologa Psicoterapeuta Psiconcologa
Usl VdA*

Dott. Maurizio Castelli 19
*Medico legale e Direttore del Dipartimento
di prevenzione Usl VdA*

Dott.ssa Anna Maria Rosanò 25
Medico Radiologo Usl VdA

Dott. Roberto Barmasse 35
*Direttore chirurgia toracica, senologica ed endocrinologica
Usl VdA*

Dott.ssa Cristina Casalino 38
Fisiatra Usl VdA

Teresa Cascarano 50
Infermiera Day Hospital Oncologia Usl VdA

Dott.ssa Nadia Rondi 52
*Radioterapista ospedale San Giovanni "Molinette"
Città della salute, Torino*

Bianca Fornaresio 57
Fisioterapista Usl VdA

Dott. Osvaldo Bruna 60
Ginecologo Ospedale Beauregard

Dott. Carlo Poti.. 66
Direttore Medicina Nucleare Usl VdA

Dott.ssa Gabriella Furfaro.. 74
Dirigente Disabilità e Invalidità civile
Dipartimento Sanità, Salute e Politiche Sociali R.A.V.A.

Dott. Florindo Di Matteo 79
Medico di famiglia

Dott. Paolo Pierini 84
Urologo e amministratore I.R.V.

Dott.ssa Elisabetta Olga Cursio................................... 89
Oncologa Usl VdA
Dott.ssa Alessandra Malossi... 89
Oncologa Usl VdA

Dott. Guido Giardini 103
Direttore Neurologia Usl VdA
Esperto in medicina di montagna

Dott.ssa Nicoletta Zublena 112
Medico Chirurgo e specialista in agopuntura Usl VdA

Dott. Antonio Ciccarelli... 115
Responsabile Dietologia e Nutrizione Clinica Usl VdA

INDICE DELLE TESTIMONIANZE

Fabien Gex	45	Ester Porta	160
Olivier Gex	45	Gabriele Vallera	161
Albert Lanièce	91	Gilles Clusaz	162
Dinah Effoudou	97	Anna Grassis	163
Emilio Gex	100	Liliana Nicolussi	165
Antonella Sado	126	Jil Martinet	168
Anna Ugliano	139	Consuelo Jaramillo	168
Aurora Carrara	140	Luca Toninelli	169
Alida Coati	143	Mara Chabod	170
Bruno Sauda	144	Maria Grazia Scioni	172
Brigitte Biasia	145	Maura Susanna	173
Christine Cavagnet	145	Michel Noussan Gex	174
Chiara Motta	147	Monique Ducourtil	174
Chicca Pignataro	149	Monica Poli	175
Cristina Tombini	152	Nadine Desayeux	175
Daniela Barmaverain	153	Fortunato Perroni	177
Daniela Sofritti	155	Silvana Haudemand	177
Elio Speranza	156	Monica Taschin	180
Emanuela Furlan	157	Tiziana Frassy	181
Ester Gallizioli	158		

SPONSOR SOSTENITORI

C.N.A. Valle d'Aosta | Corso Lancieri d'Aosta, 11/F | 11100 Aosta (Ao)
Telefono: 0165 31587 | *www.cna.vda.it*

C.N.A. Città Metropolitana di Torino | Via Millio, 26 | 10141 Torino (To) - Italia
Telefono: 011 1967 2111 | *www.cna.to.it*

I.R.V. | Via Lino Binel, 34 | 11100 Aosta (Ao)
Telefono: 0165 279800 | *www.gruppoirv.it*

Parapharmacia Dott. Lucio Zingarelli | Via Croix De Ville, 64 | 11100 Aosta (Ao)
Telefono: 0165 40179 | *www.laparapharmacia.com*

Sindacato Autonomo Valdostano «Travailleurs» | Via Carrel, 4 | 11100 Aosta (Ao)
Telefono: 0165 238384 | *www.savt.org*

Associazione V.I.O.L.A. | Piazza Soldats De La Neige, 2 | 11100 Aosta (Ao)
Telefono: 0165 216131 | *www.associazioneviola.it*

Contoz Prodotti Petroliferi | Via Circonvallazione Sud, 53/55 | 11020 Nus (Ao)
Telefono: 0165 767984 | *www.contozcombustibili.com*

Farmacia di Arvier - Dott.ssa Simona Mazzola | Via Corrado Gex, 4 | 11011 Arvier (Ao)
Telefono: 0165 929018

Associazione L.I.L.T. | Rue Xavier de Maistre, 24 | 11100 Aosta (Ao)
Telefono: 0165 31331 | *www.legatumoriaosta.it*

Farmacia Dott. Caprani Vittore | Rue Corrado Gex, 35 | 11010 Saint-Pierre (Ao)
Telefono: 0165 903150

Macelleria Marco | Via Dott. Grappein, 38 | 11012 Cogne (Ao)
Telefono: 0165 74632

F.lli Clusaz | Località Preille, 31 | 11010 Saint-Pierre (Ao)
Telefono: 0165 903954 | *www.clusazchavonne.it*

SPONSOR SOSTENITORI

IRV

Salute! Dal 1975

Dal 1975 i clienti conoscono e apprezzano i servizi IRV. Oggi, con le nuove attrezzature, gli studi, i laboratori e l'apporto di professionisti di primo piano, il Gruppo può rispondere alla crescente domanda di prestazioni d'eccellenza per esigenze sempre più complesse e mirate. Quando la salute viene prima di tutto, il Gruppo IRV è sempre la prima scelta.

SEDE OPERATIVA DI AOSTA
Corso Lancieri di Aosta, 15
11100 Aosta - Valle d'Aosta (I)
Tel.: +39 0165 31281 / 31565
Fax: +39 0165 360763

SEDE OPERATIVA DI PONT-SAINT-MARTIN
Piazza 23 agosto 1944
11026 Pont-Saint-Martin
Valle d'Aosta (I)
Tel.: +39 0125 809059
Fax: +39 0125 801756
mail: sedepsm@gruppoirv.it

SEDE LEGALE E OPERATIVA
Via Lino Binel, 34
11100 Aosta - Valle d'Aosta (I)
Tel.: +39 0165 279898 / 361225
Fax: +39 0165 363493 / 360756
mail: info@gruppoirv.it

www.gruppoirv.it

Sandro Pesando Gamacchio

FONDATORE DELLA TIPOGRAFIA PESANDO

STAMPA
TIPOGRAFIA PESANDO, AOSTA
FINITO DI STAMPARE IL
27 FEBBRAIO 2018